Giacomo Leopardi

Gesänge

Übersetzt von Paul Heyse

Giacomo Leopardi: Gesänge

Übersetzt von Paul Heyse.

Erstdruck: Florenz (Piatti) 1831. Erweiterte Fassung: Neapel (Starita) 1835. Hier nach der Übersetzung von Paul Heyse, Berlin, 1889.

Neuausgabe mit einer Biographie des Autors
Herausgegeben von Karl-Maria Guth
Berlin 2016

Der Text dieser Ausgabe folgt:
Leopardi, Giacomo: Gedichte und Prosaschriften. Übers. v. Paul Heyse, Berlin: Verlag von Wilhelm Hertz, 1889.

Die Paginierung obiger Ausgabe wird hier als Marginalie zeilengenau mitgeführt.

Umschlaggestaltung von Thomas Schultz-Overhage

Gesetzt aus der Minion Pro, 11 pt

Verlag: Henricus - Edition Deutsche Klassik GmbH
Mörchinger Str. 33, 14169 Berlin, info@henricus-verlag.de
Druck: Libri Plureos GmbH, Friedensallee 273, 22763 Hamburg

Die Ausgaben der Sammlung Hofenberg basieren auf zuverlässigen Textgrundlagen. Die Seitenkonkordanz zu anerkannten Studienausgaben machen Hofenbergtexte auch in wissenschaftlichem Zusammenhang zitierfähig.

ISBN 978-3-8619-9601-9

Bibliografische Information der Deutschen Nationalbibliothek

Die Deutsche Nationalbibliothek verzeichnet diese Publikation in der Deutschen Nationalbibliografie; detaillierte bibliografische Daten sind im Internet über www.dnb.de abrufbar.

Inhalt

Widmung

Vor der ersten Florentiner Ausgabe der Gedichte
vom Jahre 1831.

An meine Freunde in Toscana.

Meine theuren Freunde, euch sei dieses Buch gewidmet, in welchem ich, wie man es oft mit der Poesie versucht, meinen Schmerz zu verklären suchte und mit dem ich jetzt – ich kann es nicht ohne Thränen aussprechen – von der Literatur und meinen Studien Abschied nehme. Ich hoffte, diese theuren Studien würden der Trost meines Alters sein, und glaubte durch den Verlust aller anderen Freuden, aller anderen Güter der Kindheit und des Jünglingsalters mir ein Gut erkauft zu haben, das mir durch keine Gewalt, kein Unglück wieder entrissen werden könnte. Aber ich war kaum zwanzig Jahre alt, als jene Schwäche der Nerven und Eingeweide, die mir das Leben zerstört und mich doch den Tod nicht hoffen läßt, jenes einzige Gut mir mehr als zur Hälfte schmälerte und es mir später, in meinem achtundzwanzigsten Jahre, völlig und, wie ich jetzt glauben muß, auf immer raubte. Ihr wisst ja, daß ich diese Blätter nicht selbst habe lesen können und zu ihrer Correctur mich fremder Augen und fremder Hand bedienen mußte. Ich mag nicht mehr klagen, meine Theuren; das Bewußtsein von der Größe meines Unglücks verträgt sich nicht mit Jammern und Wehklagen. Ich habe Alles verloren; ich bin wie ein dürrer Stamm, der fühlt und leidet. Nur *euch* habe ich in dieser Zeit gewonnen! Eure Gesellschaft, die mir meine Studien, alle Freuden, alle Hoffnungen ersetzen muß, würde fast meine Leiden aufwiegen, wenn mir nicht eben jenes Siechthum verwehrte, sie so, wie ich möchte, zu genießen, und wenn ich nicht wüßte, daß mein Schicksal mich bald genug auch dieser Wohlthat berauben, mich zwingen wird, den Rest meiner Tage, von allem Behagen eines civilisirten Lebens entfernt, an einem Orte zuzubringen, wo die Todten viel besser wohnen als die Lebenden. Eure Liebe indessen wird mir immer folgen und mir vielleicht auch treu bleiben, wenn mein Leib, der schon nicht mehr lebt, zu Asche geworden ist. Lebt wohl!

Euer Leopardi.

I. An Italien

(1818)

Mein Vaterland, ich seh' die Mauern ragen,
Die Bogen, Säulen, Bildnisse, die leeren
Thürme der Väterzeit;
Doch seh' ich nicht den Ruhm,
Den Lorbeer und das Schwert, die sie getragen,
Die großen Ahnen. Machtlos, dich zu wehren,
Mit nackter Brust und Stirne trägst du Leid.
Weh, welche Wunden seh' ich
Und Todesblässe! Muß ich so dich schauen,
Du aller Frauen schönste? Sagt, o sagt,
Euch, Erd' und Himmel, fleh' ich:
Wer hat ihr das gethan? und wer – o Grauen! –
Belastet' ihr mit Ketten beide Arme,
Daß sie gelös'ten Haars, von Gram zernagt,
Am Boden sitzt, verlassen, schleierlos,
Und ihr Gesicht, die Arme,
Im Schooße birgt und weint?
Ja, wein', Italien! Du hast Grund zu weinen;
Dir fiel das herbe Loos,
An Glück und Elend unerreicht zu scheinen!

Und wären deine Augen Wasserbäche,
Nie könntest du mit Zähren
Den Abgrund füllen deiner Noth und Schmach.
Die Herrin war, nun trägt sie Magdgewand.
Wer schriebe oder spräche
Von dir, der nicht, gedenk der alten Ehren,
Wehklagte: Klein ward, die wir groß genannt!
Warum? Warum? Ging deine Kraft in Stücke?
Wo sind die Waffen, wo dein Siegerglauben?
Wer nahm das Schwert dir ab?
Und welcher Macht gelang es, welcher Tücke,
Den Mantel dir zu rauben

Und deiner Stirn das goldne Band, du Schöne?
Wie stürztest du hinab
So tief von solcher Höh' und brachst zusammen?
Und Niemand schirmt dich? Keiner deiner Söhne
Steht für dich auf? Ha, Waffen! Ich allein
Will in den Kampf, will kämpfend für dich fallen;
Du aber, Herr, laß Flammen
Aus meinem Blut in alle Herzen wallen!

Wo sind sie, deine Söhne? Hör' ich nicht
Von Waffen, Schlachtruf, Pauken helle Klänge? –
Ach, fern von dir verspritzen
Ihr Herzblut deine Kinder.
Auf, auf, Italien! Ist's ein Traumgesicht?
Nein! Dort zu Fuß, zu Rosse – welch Gedränge,
Und Rauch und Staub und heller Klingen Blitzen,
Wie Wetterstrahl am Himmel!
Ist dir's kein Trost? Bang kehrst du vom Gefechte
Die Augen ab, noch eh' Entscheidung winkt?
Was soll dort das Getümmel
Italischer Jugend? O ihr ew'gen Mächte,
Dort kämpft für fremdes Land Italiens Schwert! –
Weh dem Unsel'gen, den der Krieg verschlingt
Nicht kämpfend um die heimischen Gefilde,
Für Weib und Kind und Herd,
Nein, gegen Feinde Fremder
Und fern; nicht sinkt er mit dem Rufe nieder:
O Heimath, hehr und milde,
Dies Leben, dein Geschenk, – hier nimm es wieder!

Ihr holden, glücklichen, gepries'nen Tage
Der Vorzeit, wo in Schaaren
Das Volk zum Tod fürs Vaterland sich drängte,
Und du, Thessaliens Bergschlucht, stets umflutet
Von Ruhmeshauch und Klage,
Wo Persien und das Schicksal schwächer waren
Als jenes Häuflein, frei und hochgemuthet!
Hört nicht der Wandrer hier Gesträuch und Flut

Und Fels und Bergeshöhe sich erzählen
Mit heimlich dunkler Stimme,
Daß hier die Schaar der Unbesiegten ruht,
Die hochgesinnten Seelen
Der ihrem Hellas heilig Zugeschwor'nen?
Damals in feigem Grimme
Floh Xerxes durch den Hellespont zurück,
Ein Spott und Hohn den fernsten Nachgebor'nen,
Und von Antela's Hügel, wo im Tode
Die heil'ge Schaar ein ew'ges Leben fand,
Sah mit erhobnem Blick
Simonides hinaus auf Meer und Land.

Und beide Wangen überthaut von Zähren,
Die Brust beklemmt, indeß die Füße wanken,
Die Leier in der Hand,
Singt er; »O ihr Beglückten,
Die ihr die Brust preisgabt den Feindesspeeren
Für sie, der ihr das Leben habt zu danken,
Euch preis't die Welt, euch segnet Griechenland.
Wie heiße Liebe trieb
Euch junge Seelen fort in die Gefahr,
O welche Lieb' in euer herbes Loos!
Und wo, ihr Söhne, blieb
Das Todesgrauen, daß ihr jauchzend gar
Hinströmtet zu dem düstren Felsenpasse,
Als ob zum Tode nicht, zum Tanze bloß,
Zu heitrem Mahl man euch geladen hätte?
Ihr aber zogt die Straße
Hinab zum Fluß der Todten,
Eh' scheidend Weib und Kinder ihr umfasstet,
Da ihr auf hartem Bette
Ach, ohne Thränen, ohne Kuß erblasstet!«

»Doch erst, nachdem ihr Züchtigung und Grauen
Und Schmach dem Feind gebracht.
Wie in der Rinderheerd' ein Löwe wüthet,
Bald auf den Stier sich stürzt und ihm den Rücken

Zerfleischt mit wilden Klauen,
Bald hier, bald dort die Zähne braucht mit Macht,
So schlägt ins Heer der Perser breite Lücken
Hellenengrimm, von hehrem Muth entbrannt.
Ha seht, wie häuptlings Roß und Reiter fallen,
Wie Wagen und Gezelt
In wirrem Sturz die Flucht der Perser bannt,
Und bebend, weit vor Allen,
Flieht mit gelös'tem Haarschmuck der Despot.
Seht, wie vom Blut entstellt,
Das sie vergossen, Griechenlands Heroen
Den Persern schaffen unermessne Noth,
Eh' Mann an Mann, besiegt von seinen Wunden,
Dahinsinkt in den Staub. Heil euch, ihr Helden!
Von eurer That, der hohen,
Wird Zung' und Griffel noch den Enkeln melden.«

»Eh' wird, ins Meer gestürzt, der Sternenreigen
30 Auslöschend in der Tiefe Schlund verzischen,
Bevor der Nacht zum Raube
So heller Ruhm erblaßte.
Eu'r Grab ist ein Altar. Den Kindern zeigen
Dereinst die Mütter hier die ewig frischen
Spuren von eurem Blut. Und hier im Staube
Knie' ich, ihr Benedeiten,
Und küsse diese Schollen, dies Gestein,
Die unvergänglich heller Glanz verklärt
Durch alle Erdenweiten.
O läg' auch ich hier unten! Hätt' auch mein
Geopfert Blut getränkt die theure Erde!
Doch wenn ein feindlich Schicksal nicht gewährt,
Daß für mein Hellas brechend im Gefechte
Mein Aug' umnachtet werde,
So möge doch der keusche
Ruhm eures Sängers blühn in fernsten Tagen
Durch Gunst der Himmelsmächte,
So lang von euch man singen wird und sagen!«

II. Als man Dante in Florenz ein Denkmal setzen

wollte

(1818)

Ob auch die weißen Schwingen
Der Friede breitet über unser Land,
Wie soll'n Italiens Geister
Dem Bann der langen Schlafsucht sich entringen,
Eh' nicht dies arme Volk sich seiner alten
Urväter Vorbild wieder zugewandt?
Sorg, o Italien, wie
Du deine Todten ehrst! Denn weit und breit
Bist du verwais't von solchen Hochgestalten,
Und Keiner lebt, dem Ehr' und Ruhm gebührt.
Schau rückwärts, o mein Vaterland, und sieh
Die Schaar Unsterblicher aus alter Zeit,
Bis Schmerz in dir des Zornes Flamme schürt,
Denn ohne Zorn ist thöricht heut der Schmerz.
Schau rückwärts, raffe dich empor voll Scham
Und stachle dir's das Herz,
Zu sehn, wohin es mit den Enkeln kam.

31

Die Fremden, an Geberd' und Sprach' und Art
Verschieden, wandelten am Arnostrande
Und forschten, wo der Staub
Des Sängers ruhe, dem die Ehre ward,
Allein gesellt zu sein dem Mäoniden,
Und hörten – o der Schande! –
Daß nicht allein, in fremdem Land begraben,
Nicht die Gebeine kehrten
Aus der Verbannung zu der Heimath Frieden,
Daß auch in deinen Mauern nicht ein Stein
Ihn ehrt, Florenz, ihn, dessen hohe Gaben
Dich vor der Welt verklärten.
O ihr, die unser Land nun wollt befrei'n

Mitleidig von der Schmach, der es verfallen,
Heil eurem edlen Werk, Heil euren Mühen,
Ihr Wackern! Dank von Allen,
Die noch in Liebe für Italien glühen!

Ja, Liebe zu der armen
Mutter Italien sporn' euch an, ihr Theuren,
Zu ihr, für deren Schicksal
In keiner Brust mehr wohnet ein Erbarmen,
Seit ihr der Himmel Leid nach Glück verhängte.
Erbarmen, Söhne, fördre stets in euren
Gemüthern dies Beginnen
Und Grimm und Gram ob all der herben Qual,
Die Wang' und Schleier ihr mit Zähren tränkte.
Doch ihr – wie soll mein Wort und Lied euch preisen,
Daß nicht bedacht nur, Pläne zu ersinnen,
Nein, treubemüht mit Geist und Hand zumal
Ihr ew'gen Danks euch würdig wollt erweisen,
Dies edle Werk zu frohem Ende führend!
In welchem Ton soll ich zu euch mich wenden
Und euren Eifer schürend
Euch neue Funken in die Seele senden?

Begeistern wird euch das erhabne Ziel
Und scharfe Stacheln in den Busen drücken.
Wer schilderte den Sturm
Der Inbrunst, wer das lodernde Gefühl?
Wer malt die stummverzückten Angesichter,
Die Glut in euren Blicken?
Wie reicht' ein stammelnd Menschenwort hinan,
Himmlisches auszusprechen?
Fern bleibe der Profane! Seinem Dichter
Wird noch im Bild Italien Thränen weih'n.
Wie könnt' es je zerfallen, wie der Zahn
Der Zeit den Ruhm euch schwächen?
Ihr, die uns Trost im Unglück durftet sein,
Ihr himmlisch holden Künste, lebt ja immer,
Und lindernd unserm Volk den Fluch, den schweren,

Wollt ihr, ob auch in Trümmer
Italien sank, den Ruhm Italiens mehren.

  So komm' auch ich und bringe
Zu unsrer leidgebeugten Mutter Ehren
All was ich kann und habe,
Dies Lied, das ich zu eurem Werke singe,
Indeß des Meißels Schlag den Stein belebt.
O du, erlauchter Vater unsrer hehren
Dichtkunst, wenn eine Kunde
Von ird'schem Thun, von ihr, die du so hoch
Erhoben, bis zu euren Ufern schwebt,
So weiß ich, nicht um dich dünkt dir's Gewinn.
Denn gegen deinen Ruhm im Weltenrunde
Sind Erz und Marmor so vergänglich doch
Wie Wachs und Sand. Und wenn aus unserm Sinn
Du je entschwunden warst, je *kannst* entschwinden,
Mag unser Leid noch wachsen unermessen,
Mag ohne Trost zu finden
Dein Volk vergehn, von aller Welt vergessen.

  Doch nicht um deinetwillen, – um das Land,
Das dich gebar, ist's Freude dir, wenn je
Am Vorbild hoher Ahnen
Der schlummertrunkne Enkel sich ermannt,
Daß er erhobnen Haupts sich stark erwiese.
Ach, von wie langem Weh
Gebeugt siehst du nun Die, die schon vor Zeiten
Armselig du gesehen,
Als du von Neuem gingst zum Paradiese,
Heut so im Elend, daß im stolzen Schimmer
Von Glück und Macht sie damals schien zu schreiten.
So weh ist ihr geschehen –
Du glaubtest's wohl den eignen Augen nimmer!
Doch nichts von andrer Noth, die sie bezwang!
Nur von der bittersten, der jüngsten Schande,
Die schier den Untergang
Verhängte deinem armen Vaterlande.

Heil dir, daß voll Erbarmen
Dein Schicksal dich bewahrt, dies zu erleben,
Daß du Italiens Frauen
Nicht siehst entehrt in fremder Krieger Armen,
Mit Brand und Plündrung Stadt und Land geschlagen
Und aller Wuth des Feindes preisgegeben;
Die göttlich hohen Werke
Italischer Meister fortgeschleppt in schnöde
Knechtschaft jenseit der Alpen, von der Wagen
Wüstem Gedränge jede Straße dröhnend
Und Herr'n im Lande Trotz und rohe Stärke!
Du hörtest nicht das frevle Hohngerede
Von Freiheit, wie ein Spottgelächter tönend
Zum Klang von Ketten und von Geißelhieben.
Wer ward verschont? Wovon sind jene frechen
Ehrfürchtig fern geblieben,
Von welchen Heiligthümern und Verbrechen?

Was mußten wir so arge Zeit erleben?
Was ließest du uns werden, ach, warum
Nicht früher wieder scheiden,
Grausames Schicksal? Daß wir unterjocht
Von Fremden schauend unser Vaterland,
Vernichtet, todt und stumm
Jedwede Tugend, doch die grimmen Schmerzen,
Die nagten sein Gebein,
Mit keinem Trost zu lindern ihm vermocht
Und keinen Hoffnungsstrahl ihm durften gönnen!
Ach, nicht einmal das Blut aus meinem Herzen
Durft' ich dir, Theures, weih'n.
Nicht hab' ich, dich zu retten, sterben können!
Denk' ich's, schwillt mir das Herz vor Zorn und Harme.
Wohl starben auch von uns viel tapfre Fechter,
Doch nicht für dieses arme
Italien, nein: für seine fremden Knechter.

Wenn dies dich nicht empört,
Wardst, Vater, du ein Andrer, als auf Erden.

In Rußlands eis'gem Schlamme
Hinsanken, ach, wohl bessren Todes werth,
Italiens Tapfre; Sturm und Frost verbanden
Und Thier' und Menschen sich, sie zu gefährden.
Mit Blut die Erde tränkend,
Hinsanken sie, halbnackt und abgezehrt,
Wo sie im Eisgefild ihr Wundbett fanden.
Und nahte dann die letzte Stunde sich,
Voll Heimweh der geliebten Mutter denkend,
Erseufzten sie: O rafft' uns hin das Schwert,
Nicht Schnee und Eis, und stürben wir für dich,
Geliebte Heimath! Von dir losgerissen,
Da noch uns lacht die schönste Zeit im Leben,
O daß wir sterben müssen
Ruhmlos, für Jene, die den Tod dir geben!

35

Ihr Klagen hat die nordische Wüste nur
Und sturmgepeitschter Föhrenwald vernommen.
So fanden sie ihr Ende,
Und witternd der verlassnen Leichen Spur
Im graus'gen Meer von Schnee, ist aus den Höhlen
Das Wild zum Fraß gekommen,
Daß nun der Trefflichen und Tapfern Name
Spurlos der Nacht geweiht,
Gleich dem der Feigen sei. Ihr theuren Seelen,
Ob euer Unglück auch so grenzenlos,
Dies sei allein euch Trost in eurem Grame,
Daß ihr in Ewigkeit
Müsst bleiben jedes Trostes baar und bloß.
Im Abgrund eures Jammers sollt ihr ruhn,
Als echte Söhne jener Schmerzenreichen,
An deren Unglück nun
Das eure nur vermag hinanzureichen.

Euch klagt sie ja nicht an,
Die Muttererde, nein, die euch gezwungen
Zum Kampfe wider sie,
Daß sie nun bitter weinen muß fortan

36

Und ihre Thränen mischen mit den euren.
O rührte sie, die höchsten Ruhm errungen,
Jetzt in der tiefsten Noth
Nur Einem so das Herz, daß er empor
Sie zög' aus dieser düstren, ungeheuren
Versunkenheit! Sag, o erlauchter Schatten,
Ist denn die Liebe zu Italien todt?
Erlosch die Glut, die dich beseelt zuvor?
Die Myrte, dran wir uns getröstet hatten
In langem Leid, treibt nie sie frische Blätter?
Soll'n unsre Kränze hingestreut verbleichen?
Und kommt uns nie ein Retter,
Der nur von fern sich dürfte dir vergleichen?

    Ist's mit uns aus für immer? Wird der Schmach
Ein Ziel und Ende nimmer?
Ich, weil ich athme, bleib' als Rufer wach:
Verrottetes Geschlecht, denk deiner Ahnen!
Schau diese stolzen Trümmer,
Die Schriften, Bilder, Statuen, Tempelhallen;
Denk, wo du wandelst, und erweckt dich nimmer
Der helle Glanz von diesen Mustern allen,
So heb dich weg für immer!
Dies Land, das einst geglänzt von Heldenehren,
Sei nicht ein Tummelplatz so schnödem Treiben.
Statt Memmen nur zur nähren,
Mag es verlassen und verwittwet bleiben!

37

III. An Angelo Mai, als er Cicero's Bücher vom Staate wiederentdeckt hatte

(1820)

Wirst du nicht müde, kühner Italer,
Die Ahnen aus den Grüften
Zu wecken, daß sie mächt'ge Reden führen
Mit dieser todten Zeit, da rings in Lüften
Der Trägheit Nebel schwebt? Und wie berühren
Jetzt unser Ohr so oft und inhaltschwer
Die Stimmen unsrer Alten,
Die uns so lang verstummt? Warum erstehen
Sie alle wieder? Früchte plötzlich tragen
Die Blätter. Staub'ge Klöster geben her,
Was sie verwahrt gehalten,
Und die verscholl'nen heil'gen Worte gehen
Von Neuem um. Krönt das Geschick dein Wagen,
Du wackrer Italer? Wie, oder wird
Ein Mannesmuth vom Schicksal nicht beirrt?

Gewiß nur nach erhabnem Götterwillen
Geschieht's, daß, da in schlimme
Vergessenheit wir schwer wie nie versenkt,
Von Neuem stets der großen Väter Stimme
Uns aufzurütteln kommt. Noch also denkt
Ein Gott Italiens, noch ward uns nicht ganz
Des Himmels Huld entrissen,
Daß, da nur diese Stund' und keine mehr
Uns bleibt, Italiens Tugenden zu reinen
Vom Rost, der lang verdunkelt ihren Glanz,
Dem Ruf wir lauschen müssen
Aus Gräbernacht und schau'n die Wiederkehr
Der Helden, die der Erd' entstiegen scheinen
Nur um zu forschen, ob du noch willst säumen,
Mein Vaterland, und feig die Zeit verträumen.

38

Gabt ihr uns wirklich, ihr Erlauchten, noch
Nicht völlig auf? Wir wären
Nicht ganz verloren? Euch vielleicht ist klar,
Was kommen soll. Doch wie soll *ich* des schweren
Grams mich entschlagen? Dunkel ganz und gar
Ist mir die Zukunft; was ich rings muß sehen,
Macht Hoffnung allerort
Zu eitlem Wahn. Ihr Trefflichen, auf euern
Wohnstätten haus't verhöhnt, in schmutz'ger Blöße
Ein niedres Volk, und eure Enkel gehen
An edlem Werk und Wort
Mit Hohn vorbei. Nicht kann sie mehr befeuern
Eu'r ew'ger Ruhm. Denkmäler eurer Größe
Umgiebt ein träger Sumpf, und aller Zeit
Sind wir ein Muster der Erbärmlichkeit.

Du edler Geist, da jetzt kein Andrer mehr
Gedenkt der hohen Ahnen,
Sei du ihr Hüter, den des Schicksals Macht
Huldvoll gewürdigt hat, uns zu gemahnen
Der Tage, wo aus des Vergessens Nacht
Ihr Haupt erhoben jene heil'gen Schatten
Sammt den begrabnen Rollen,
Die hohen Alten, denen die Natur
Noch unter Schleiern sprach, wie sie Athen
Und Rom die Feierzeit verschönert hatten.
O Zeiten, längst verschollen!
Noch droht' Italiens Fall von weitem nur;
Noch galt bei uns für schimpflich Müssiggehn;
Noch raubte da der Lüfte frischer Odem
Im Fluge Funken unserm Heimathboden!

Noch warm war damals deine heil'ge Asche,
Du, dessen Sinn, den hohen,
Kein Unglück beugte, der in Grimm und Gram
Aus dieser Welt zur Hölle gern geflohen.
Und ist denn auch ein Höllenkreis so schlimm,
Wie unser Land? – Und *deine* sanften Saiten

Erklangen schwirrend noch
Vom Spiele deiner Hand, du unglücksel'ger
Sänger der Liebe. Ach, dem Schmerz entspringt
Italischer Sang! Und mindre Qual bereiten
Die schwersten Leiden doch,
Als dieser Ekel, der uns lähmt. Du Sel'ger,
Dem Weinen Leben hieß! Doch uns bezwingt
Früh schon der Ekel; starren Angesichts
Sitzt neben uns an Wieg' und Gruft das Nichts.

Doch damals lebtest du mit Meer und Sternen,
Kühner Ligurersprosse,
Als jenseits du der Säulen und der Küsten,
Wo, wenn die Sonn' erlischt im Meeresschooße,
Man zischen hört die Flut, den Wasserwüsten
Dich anvertrauend, wiederfandst den Glanz
Der Sonne, die vergangen,
Den Tag, der aufglüht, wenn er uns entschwand,
Und trotzend jedem Hemmniß der Natur
Entdecker wurdest unermessnen Lands,
Glorreicher Lohn der bangen
Ausfahrt und Heimkehr. Ach, je mehr erkannt,
Je kleiner wird die Welt; die Erdenflur,
Das Meer, der Klang der Sphären, – mehr erhaben,
Als jedem Weisen, dünken sie dem Knaben.

Wo sind die holden Träume nun von jener
Geheimen Zufluchtstätte
Uns unbekannter Siedler, von dem Ort,
Wo über Tag die Sterne ruhn, dem Bette
Der jungen Eos und dem Ruheport,
Wo Nachts verborgen schläft das Weltgestirn?
Mit Eins sind sie geschwunden;
Nun zeigt ein kleines Blatt das Bild der Welt.
Nun gleicht sich Alles, und die Forschung weitet
Das Nichts nur aus. Dich scheucht von unsrer Stirn
Die Wahrheit, kaum gefunden,
O holde Phantasie! Das Denken hält

Sich fern von dir auf immer und bestreitet
Die Macht dir mehr und mehr, die wundersame,
Daß jeder Trost nun schwand in unserm Grame.

Da kamst du, Mann der holden Träume; hell
Erglänzte dir die Sonne,
Der du so süß von Waffen sangst und Liebe,
Wie sie die Welt, einst minder arm an Wonne,
Erfüllt mit selig irrendem Getriebe.
Italiens neuer Stern! O Thürme, Zellen,
O Ritter, schöne Frauen,
O Gärten, o Paläste! Denk' ich euer,
Verliert in tausend bunte Lieblichkeiten
Die Seele sich. Aus eitlem Tand, aus hellen
Märchen voll Lust und Grauen
Bestand das Leben. All die Abenteuer
Verbannten wir. Was bleibt nun unsern Zeiten,
Die ihren Lenz verloren? Ach, wir wissen
Nur Eines sicher: daß wir leiden müssen.

Uns, o Torquato, ward dein hoher Geist
Vom Himmel da beschieden;
Dein eigen Theil sind Thränen nur gewesen.
Unglücklicher Torquato! Nicht zum Frieden
Half dir dein süßes Lied, nicht konnt' es lösen
Den Frost, der deines Herzens warmen Strom,
So freudig einst geschwellt,
Vereis't, durch Haß und schnöde Mißgunst. Liebe,
Liebe, des Lebens letzte Täuschung, ach,
Verließ dich auch. Ein wesenhaft Phantom
Schien dir das Nichts, die Welt
Ein öder Strand. Dein Auge, todestrübe,
Sah nicht die späten Ehren. Daß es brach,
War Wohlthat. Wer der Menschen Elend ganz
Begriff, ersehnt den Tod nur, keinen Kranz.

O kehr uns wieder, steig aus deiner stummen,
Trostlosen Gruft, wenn immer

An Leid du noch dich weidest, mitleidwerthes
Vorbild des Unglücks. Noch unsäglich schlimmer,
Als *dein* von jeder Qual und Noth zerstörtes,
Ist *unser* Menschendasein. Wo noch flösse
Dir eine Thräne, Lieber,
Da Jeden nur sein eigen Loos bewegt?
Wer hieße Thorheit nicht die Pein, in der
Du tödlich rangst, da jede seltne Größe
Gilt als ein tolles Fieber,
Und nicht mehr Neid, nein, was sich schwerer trägt,
Gleichgültigkeit die Größten trifft? O wer,
Heut da nicht Verse, Zahlen nur beglücken,
Wer würde jetzt dich mit dem Lorbeer schmücken!

Seit deinen Tagen, unglücksel'ger Geist,
Kam Einer nur, des Ruhms
Italischen Namens würdig, nur der Eine,
Zu gut für diese Zeit des Memmenthums,
Ein trutziger Allobroger, dem seine
Männliche Kraft der Himmel selbst verliehen,
Nicht diese Erde, siech
Und unfruchtbar. Allein und unbewehrt –
O herrlich Wagniß! – gegen die Tyrannen
Wollt' auf den Brettern er zu Felde ziehen.
O gönnt uns diesen Krieg,
Dies Scheingefild zum Kampf, wenn feindlich gährt
Die kranke Welt! Wir sahn ihn sich ermannen,
Zuerst und einsam; Keiner folgt' ihm nach.
Versunken blieb sein Land in stumme Schmach.

In knirschender Verachtung lebt' er hin
Sein fleckenloses Leben,
Und Tod bewahrt' ihn, Schlimmres noch zu schauen.
Nein, mein *Vittorio*, günstig deinem Streben
War weder Zeit noch Ort. In diesen Gauen
Kann Hochsinn fürder nicht gedeihn. Im Hafen
Ruhn träge wir, ergeben
In Mittelmäßigkeit. Der Pöbel stieg

42

Empor, der Weise sank; Nichts wird bewundert,
Platt ward die Welt. – Da die Lebend'gen schlafen,
Erweck zu neuem Leben
Die Todten, hoher Forscher! Hilf zum Sieg
Den alten Helden, daß dies Kothjahrhundert
Empor sich raffe und Begeistrung trinke
Zu edler That, wo nicht, in Scham versinke!

IV. Zur Hochzeit der Schwester Paolina

(1824)

Nun du so bald den Frieden
Des stillen Vaterhauses wirst vermissen
Und weit von deiner Jugend Trug und Wahn,
Die unser ödes Land verschönt, geschieden
Dich in des Lebens Staub und Lärm fortan
Dein Schicksal ruft, nun, Schwester, sollst du wissen,
Zu welcher Schmach der Himmel uns verdammt.
Sollst du ja selbst in schweren
Nothjahren voller Leid
Des unglücksel'gen Vaterlands unselig
Geschlecht vermehren. Stähle drum beizeit
An hohen Mustern deine Söhne. Wehren
Die Götter doch ein fröhlich
Gedeihn heut jeder Kraft,
Und kein verzärtelt Herz bleibt tugendhaft.

Elende – oder Feige
Wirst du gebären. Laß sie elend werden!
Denn einen Abgrund zwischen Glück und Werth
Schuf diese Zeit. Zu spät, da schon zur Neige
Die menschlichen Geschicke sich gekehrt,
Erwacht, wer heut geboren wird auf Erden.
Das überlaß dem Himmel. Dir am Herzen
Liege die Sorge bloß,
Nicht zu der Jagd nach Glück

Die Söhne zu erziehn, und nimmer auch
Zu Narr'n der Furcht und Hoffnung. Ihr Geschick
Rühmt dann die künft'ge Zeit als schön und groß,
Da wir – nach feigem Brauch
Der heuchlerischen Weisen –
Lebend'ge Tugend schmähn und todte preisen.

Viel hofft von euch, ihr Frauen,
Das Vaterland; und nicht zu Schimpf und Schaden
Der Menschensöhne ward dem sanften Strahl
Aus euren Augen Macht, wohin sie schauen,
Zu bänd'gen Feu'r und Schwert. Ihr lenkt zumal
Den Weisen wie den Starken klug am Faden,
Und was die Sonn' umkreiset, neigt sich euch.
Drum sollt für diese Zeit
Ihr Rechenschaft mir geben.
Der Jugend heil'ge Glut – ließ *eure* Hand
Sie denn erlöschen? Ward denn unser Leben
Marklos und morsch durch *euch?* Wenn Üppigkeit
Und Schlafsucht uns entmannt
Und Nerv' und Muskel missen
Die alte Kraft, – habt *ihr's* auf dem Gewissen?

Ein Sporn zu edlen Thaten
Ist Liebe, recht erkannt, und hohes Streben
Erweckt die Schönheit. Der ist liebeleer,
Der nicht frohlockend fühlt das Herz erbeben
In tiefster Brust, wenn an den Felsengraten
Die Stürme toben, wenn gewitterschwer
Der Himmel sich umwölkt und Flutgebraus
Die Berge peitscht. Ihr Bräute
Und Jungfrau'n, wer Gefahren
Sich feig entzieht, wer seinem Vaterlande
Unehre bringt mit niedrigem Gebahren
Und wessen Herz gemeiner Regung Beute,
Straft ihn mit Haß und Schande,
Wenn anders Frauenseelen
Für Männer glühn, nicht Weiber sich erwählen.

Wehrloser Söhne Mütter
Zu heißen, dünk' euch Schimpf. Lehrt eure Brut
Trotz aller Leiden nach der Tugend trachten,
Und was die jämmerliche Zeit an Flitter
Und eitlem Tande liebt und ehrt, verachten.
Weiht sie dem Vaterland mit hohem Muth
Und heißt sie dankerfüllt der Väter denken.
So von den Heldensagen
Der Ahnen stets umklungen
Wuchs einst heran der Sparter junge Schaar,
Bis dann die Gattin mit dem Schwert den jungen
Gemahl umgürtet; bald vielleicht mit Klagen
Hüllt sie ihr schwarzes Haar
Um seine nackten Glieder,
Kehrt er im wohlbewahrten Schild ihr wieder.

45

Ach, deine zarten Wangen,
Virginia, kos'te noch mit Zaubermacht
Die Götterhand der Schönheit. Da erglühte,
Voll Grimm, daß du verachtet sein Verlangen,
Roms wilder Herr. Schön warst du, in der Blüte
Der holden Zeit, die lieblich träumen macht,
Als deines Vater Stahl den schneeigen Busen
Zerrissen aus Erbarmen
Und du zum Styx hinab
Freiwillig schrittst. Eh' soll mir Greisenschwäche
Die Glieder lösen, Vater, eh' empfange
Das Grab mich, sprach sie, eh' mich zu umarmen
Sich der Tyrann erfreche!
Und wenn aus dieser Noth
Mein Blut euch retten kann, gieb mir den Tod!

Hochherz'ge, wohl erglänzte
Noch eine schön're Sonne deinen Tagen,
Als heut; und doch nicht trostverlassen war
Das Grab, das dir dein Vaterland bekränzte
Mit tausend Thränen. Siehe, wie die Schaar
Der Remusenkel sich mit wilder Klage

Um deine Leiche drängt, wie des Tyrannen
Haupthaar in Staub gerissen,
Und Freiheit neu entzündet
Die stumpfen Seelen. Wie ein breiter Strom
Braus't Latiums Macht und hat ihr Reich gegründet
Von Wüstenglut zu Nordens Finsternissen.
So ist das ew'ge Rom
Aus trägen Schlummers Banden
Durch eines Weibes Opfer neu erstanden.   46

V. Auf einen Sieger im Ballonspiel

(1824)

    Des Ruhmes Antlitz, seinen frohen Ruf
Erkenne, wackrer Knabe,
Und wie viel herrlicher als weibische Muße
Der Schweiß der Tugend. Labe dich, o labe
Dein Herz am Hochsinn (fühlst du den Beruf,
Den Namen aus der Zeiten trübem Flusse
Durch edle That zu retten) und erhebe
Den Geist zu stolzem Wunsch. Dir jauchzte freudig
Kampfbahn und Circus, und zu Heldentugend
Spornt dich des Volkes Gunst. Es will das theure
Land deiner Väter, stolz auf deine Jugend,
In deinem edlen Streben
Die alten Muster sehn sich neu beleben.

    Nicht mit Barbarenblut bei Marathon
Färbte sich nur den Finger,
Wer stumpfen Blicks in Elis auf die Glut
Der Rennbahn schaut' und auf die nackten Ringer,
Und wem des Kranzes holder Siegeslohn
Das Herz nicht hob. In des Alpheus Flut
Wusch sieggekrönter Rosse Mähn und Weichen
Vom Staube Mancher rein, der dann mit Macht
Das Griechenbanner und das Griechenschwert

Führt' in der Meder Reih'n, die schreckensbleichen,
Und in die Flucht sie schlug, daß durch die Nacht
Der Jammerruf erklang
An Euphrats Bucht und Asiens Strand entlang,

Doch ist's nicht fruchtlos, den erloschnen Brand
Der alten Thatenlust
Neu anzufachen? die darniederlagen,
Die Lebensgeister in der kranken Brust
Neu zu beleben? War nicht Spiel und Tand
Das Thun der Sterblichen, seit Phöbus' Wagen
Trübselig hinrollt, und ist minder eitel
Wahrheit, als Lüge? Gab uns doch Natur
Zum Trost nur holden Wahn, der uns beglückt,
Und Schattenbilder. Wo des Siegers Scheitel
Kein Kranz zum Lohn des kühnen Wagens schmückt,
Lebt trägt und dumpf umnachtet
Ein Volk, das einst dem Ruhme nachgetrachtet,

Wer weiß wie bald wird auf den Trümmerstätten
Italischen Ruhms der Hirt
Die Rinder weiden und der Pflug die Gipfel
Der sieben Hügel furchen. Bauen wird
Nach kurzen Jahren schon in Latiums Städten
Der schlaue Fuchs und mit dem dunklen Wipfel
Ein Hochwald rauschen zwischen öden Mauern,
Wenn das Geschick nicht jener unheilvollen
Vergessenheit des Vaterlandes steuert
Im tief verkommnen Volk, wenn nicht mit Trauern
Gedenkend, welch ein Muth uns einst befeuert,
Der Himmel noch in Gnaden
Dem dräu'nden Unheil wehrt sich zu entladen.

Willst überleben du das arme Land,
O Sohn, das dich geboren?
Wohl hätte dich Italiens Ruhm verklärt,
Als sie den Reif noch trug, den sie verloren
Durch uns und das Geschick. *Die* Zeit entschwand.

Wen dünkt heut solche Mutter rühmenswerth?
Doch *dir* zu Liebe richt empor den Muth!
Was ist dies Leben werth? Daß wir's verachten,
Nur glücklich, wenn, umgeben von Gefahren,
Wir es vergessen, nicht die träge Flut
Der faulen Zeit und ihre Noth gewahren;
Nur glücklich, wer, schon nah
Dem Lethestrom, das Licht noch wiedersah.

48

VI. Der jüngere Brutus

(1824)

Als hingesunken lag in Thraciens Staube,
Ein weites Trümmerfeld,
Italiens Kraft, und das Geschick beschloß,
Daß nun Hesperiens grüne Fluren und
Des Tiber Ufer das Barbarenroß
Zerstampfen sollt' und aus den nackten Wäldern
Im Bann der eis'gen Bärin
Das Gothenschwert vorbrechen und die Mauern
Des stolzen Roms zerschmettern:
Da saß, mit Schweiß benetzt und Bruderblut,
Brutus in düstrer Nacht auf öder Stätte,
Zum Tod entschlossen schon, und mit den Göttern,
Den mitleidslosen, grollend,
Erschüttert seine Stimme
Umsonst die müde Luft in trotz'gem Grimme:

O thör'ge Tugend, nur die leeren Nebel,
Das Reich unstäter Schatten
Sind deine Schule; hinter deinen Fersen
Folgt bald die Reue nach. Euch Marmorgöttern –
Ob ihr nun wohnt am Phlegethon, ob über
Den Wolken droben – dünkt nur Hohnes werth
Das klägliche Geschlecht,
Von dem ihr Tempel heischt, dem ihr ein trüglich

Gesetz wollt auferlegen.
So also reizt der Menschen Frömmigkeit
Den Haß der Götter? So als Hort der Bösen
Thronst du, o Zeus? Und wenn Gewitterregen
Die Luft durchrauscht und Donner
Ras't mit dem Blitz zumal,
49   Triffst du der *Frommen* Haupt mit heil'gem Strahl?

Ein unbezwinglich Schicksal, eine eh'rne
Nothwendigkeit bedrückt
Des Todes kranke Sklaven. Wenn sie Nichts
Erretten kann, getröstet sich die Menge:
So sei's verhängt. – Ist minder hart ein Leid,
Weil unabwendbar? Fühlt die Schmerzen nicht,
Wer jeder Hoffnung baar ist?
In ew'gem Kampf mit dir auf Tod und Leben,
Unwürd'ges Fatum, liegt,
Wer sich nicht beugen mag; und deine Hand
Abschüttelnd, wenn sie ihn gewaltsam trifft,
Ruft er Triumph, indem er unterliegt,
Wenn mit dem herben Stahl
Er lös't die stolzen Glieder
Und lachend wandelt zu den Schatten nieder.

Mißfällig ist den Göttern, wer gewaltsam
Des Hades Pforte stürmt.
Wär' auch ein weichlich Götterherz so kühn?
Hat sich vielleicht der Himmel unsre Trübsal,
All unser Herzeleid und herbes Müh'n
Zu seiner Muße Kurzweil auserkoren?
Kein Dasein voller Plagen,
Ein Leben frei und rein in Wald und Feld
Hat uns Natur gegeben,
Die göttlich einst geherrscht. Und jetzt, da rings
Gottloser Brauch verdrängt die sel'gen Zeiten,
Darf da der Eigenmacht
Natur den Stolzen zeih'n,
Der von sich wirft ein Leben voller Pein?

Von Schuld nichts wissend, noch vom eignen Elend
Führt sanft ein spätes Alter
Die ahnungslose Thierwelt einem schnellen
Verscheiden zu. Doch triebe sie Verzweiflung,   50
An rauhem Stamm die Stirn sich zu zerschellen,
Vom schroffen Fels sich stürzend ihr zerschmettert
Gebein umherzustreuen,
Die arme Wohlthat würde kein geheimes
Gesetz dem Thier versagen,
Kein trüber Wahngedanke. Ihr von allen
Beseelten Wesen, ihr Prometheussöhne,
Fühlt Überdruß, das Dasein zu ertragen;
Und euch nur, wenn die Parze
Verzögert ihre Gnade,
Wehrt Zeus zur Unterwelt die stillen Pfade!

Nun steigst du aus dem Meer, das unser Blut
Gefärbt, du klarer Mond,
Die ruhelose Nacht, das Feld zu grüßen,
Das der ausonischen Kraft verderblich ward.
Der Sieger tritt verwandte Brust mit Füßen,
Die Hügel beben, von der Höhe stürzt
Das alte Rom in Trümmer –
Und du bleibst still und klar? Du sahst Lavinia's
Geschlecht entstehn, die Zeit
Des Glückes sahst du und die stolzen Lorbeern.
Und doch unwandelbar in stummem Glanz
Wirst du herabschau'n, wenn in Schmach und Leid
Italien Knechtschaft duldet
Und diese öden Stätten
Vor fremden Horden Nichts mehr kann erretten.

Das Raubthier im Geklüft, im grünen Laube
Der Vogel, deren Brust
Voll ahnungsloser Dumpfheit, wissen nimmer,
Wie tiefer Sturz das Schicksal einer Welt
Verwandelt hat; und wenn im Morgenschimmer
Sich röthen wird des fleiß'gen Landmanns Hütte,

Erweckt der Vogel wieder
Die Thäler mit Gesang, und in den Klippen
Flieht schwächeres Gethier
In Todesangst, gescheucht vom wilden Raubthier.
Wir eitlen Menschen! Welch armsel'ger Theil
Der Welt sind wir! Den blut'gen Boden hier,
Die schmerzdurchstöhnten Gründe
Wird unser Loos nicht kümmern,
Kein Stern um Menschentrübsal matter flimmern.

   Nicht des Olymp und Hades taube Herrscher,
Nicht die unwürd'ge Erde
Und nicht die Nacht ruf' ich im Sterben an,
Noch auch des dunklen Todes letzten Strahl,
Den Spruch der Nachwelt. Feiger Pöbel kann
Mit Klag' und Weihgeschenk mein herbes Grab
Nicht sänft'gen. Unaufhaltsam
Verschlimmert sich die Zeit. Bei trägen Enkeln
Ist übel aufgehoben
Der Nachruhm edler Seelen und des Unglücks
Dereinst'ge Sühne. Kreise denn um mich
In gier'gem Flug der dunkle Vogel droben;
Raubthier' und Regengüsse
Soll'n meine Hülle finden,
52   Und mein Gedächtniß liefr' ich aus den Winden.

VII. An den Frühling

oder

Über die Mythen der Alten

(1824)

Nun alle Himmelsunbill
Die Sonne sühnt und lauer West gelinde
Die kranke Luft belebt, daß fortgescheucht
Der Wolken schwerer Schatten niedersinkt,
Die Vögel neu dem Winde
Die nackte Brust vertrauen und das Licht
Mit neuem Liebessehnen, neuer Hoffnung
Sogar das Wild auf dunklen Waldespfaden
Belebt, wenn kaum der Nebelduft gewichen:
Kehrt auch vielleicht zu euch, so grambeladen
Und müd, ihr Menschenseelen,
Die schöne Zeit, die Unglück und die düstre
Fackel der Wahrheit euch
So früh zerstört? Sind Phöbus' goldne Strahlen
Dem Armen nicht für ew'ge Zeit verdunkelt
Und ausgelöscht? Und du auch,
Duftender Lenz, willst du die eis'gen Qualen
Wegthau'n der Brust, die schon in jungen Tagen
Gelernt das herbe Weh des Alters tragen?

Lebst du, o lebst du, heil'ge
Natur? Lebst du, und ist's der Mutter Sprache,
Die lauschend das entwöhnte Ohr vernimmt?
Einst wohnten holde Nymphen in den Flüssen,
Dort und im klaren Bache
Das Antlitz spiegelnd; von geheimen Tänzen
Göttlicher Füße bebten Bergeshöh'n
Und hohe Wälder, jetzt den Stürmen nur

Ein öder Wohnsitz, und der Hirt, im Duft
Des Mittags, wenn er durch die blum'ge Flur
Zum Fluß die durst'gen Lämmer
Hinuntertrieb, vernahm ein helles Lied
Des Waldgotts längs dem Ufer,
Sah kräuseln sich die Flut
Und stand verdutzt, wenn jedem Blick verhüllt
Die pfeilbewehrte Göttin
Stieg in die lauen Wellen, Staub und Blut
Der heißen Jagd vom schneeigen Arm zu spülen
53 Und ihren jungfräulichen Leib zu kühlen.

  Es *lebten* einst die Blumen,
Es *lebte* Gras und Busch. Vertraute waren
Die Lüfte, Wolken, Titan's hehre Leuchte
Dem sterblichen Geschlecht, als über Auen
Und Hügeln deinem klaren
Gestirn, o Cypria, der Wandrer folgend
Mit Sehnsuchtsblicken in der stillen Nacht
Dich als Gesellin seiner Fahrt, voll Huld
Den Menschen träumte. Wenn, entflohn dem Treiben
Der wüsten Städte voller Sünd' und Schuld
Und Zwist und roher Schmach,
Ein Andrer rauhe Stämme tief im Wald
An seinen Busen drückte,
Wähnt' er zu fühlen, wie lebend'ges Feuer
Blutlosen Stamm durchlodre, wie erbebe
In schmerzlicher Umarmung
Daphne und Phyllis, wie in immer neuer
Wehmuth den Liebling Klymene betrauert,
Deß stolzer Sonnentraum so kurz gedauert.

  Nicht taub für Menschenleid,
Ihr starren Felsen, warft ihr Klagetöne
Achtlos zurück, als eure bangen Gründe
Echo, die einsam Trauernde, bewohnte,
Statt leerer Luft Gestöhne
Der unglücksel'gen Nymphe irrer Geist,

Den Liebesgram und hartes Schicksal bannten
Aus zartem Leibe. Durch die hohlen Klüfte,
Die nackten Klippen und verlassnen Stätten
Erfüllte sie des Äthers hohe Lüfte
Mit unsern Wehelauten,
Die sie verstand. Und du galtst in der Sage
Als aller Menschenloose
Wohlkundig, süßer Vogel, der du immer
Den jungen Lenz im laubigen Wald begrüßest,
Und wenn die Fluren schliefen
In stummer, dunkler Nacht, schienst du zu klagen
Um alte Nöthe, ruchlos wilden Haß
Und diese Zeit, von Zorn und Kummer blaß.

    Doch nicht verwandt dem unsern
Ist dein Geschlecht, nicht Schmerz entlockt dir alle
Die süßen Weisen; frei von jeder Schuld
Wohnst du im dunklen Wald, uns minder theuer.
Ach, da nun leer die Halle
Des ragenden Olymp und blind der Donner
Hinrollend durch die wolkendunklen Berge
Ruchlose Seelen gleich den reinen schreckt
Mit kaltem Grausen; da die Heimathflur,
Fremd und nichts wissend von den eignen Kindern,
Sie auferzieht zur Trübsal:
Leih *du* ein Ohr den Sorgen der vom Schicksal
Bedrängten Menschenkinder,
Holde Natur, und hauch die alte Glut
Zurück in meinen Geist, wenn du beseelt bist,
Wenn Etwas lebt im Himmel,
Auf blumiger Erde, in des Meeres Flut,
Was alle Qual, die wir erdulden müssen,
Zwar nicht bedauern mag, doch darum *wissen*.

54

VIII. Hymnus an die Patriarchen

oder

Von den Anfängen des Menschengeschlechts

(1824)

Von euch, der Menschheit hocherlauchten Vätern,
Soll der Gesang der schmerzgeweihten Söhne
Mit Preis ertönen, die ihr so viel theurer
Dem Lenker der Gestirne war't und minder
Beweinenswerth, als wir, zum hehren Licht
Emporgeblickt. Unheilbar Unglück, das
Die armen Menschen traf: geboren werden
Zum Weinen und das Licht des Äthers freudig
Vertauschen mit der ew'gen Grabesnacht, –
Nicht hat's die milde und gerechte Satzung
Des Himmels euch verhängt. Wenn von der Sünde,
Die alle Menschenkinder der Gewalt
Der Seuchen und des Elends überliefert,
Die alte Sage spricht: noch ärgre Sünden
Der Sterblichen, ihr ruheloser Geist
Und schlimmrer Wahnsinn waffneten wider sie
Die Rache des Olympos und die Hand
Der lang vergessnen Nährerin Natur.
Da ward verleidet uns die Lebensflamme,
Verabscheut jede Neugeburt, und wüthend
Brach in die Welt herein der Erebus.

Du sahst zuerst den Tag, die Purpurfackeln
Der kreisenden Gestirne und die jungen
Thiere des Feldes weiden, alter Führer
Und Vater du der menschlichen Familie,
Sahst auf den frischen Au'n die Lüfte spielen,
Und wie hernicderstürzend Alpenflut

An Felsenwänd' und öde Thäler schlug
Mit unerhörtem Schall, wie auf den heitern
Zukünft'gen Stätten hochberühmter Völker
Und lärmerfüllter Städte noch ein tief
Verborgner Frieden herrscht' und stumm und einsam
Der Strahl der Sonne und des goldnen Monds
Erklomm die ungepflügten Höh'n. O sel'ge,
Von Schuld und finstrem Schicksal unberührte
Welteinsamkeit! O wie viel bittres Leid,
Welch ungeheure Kette von Geschicken
Bereiten, armer Vater, deinen Kindern
Die ew'gen Mächte! Siehe, Blut besudelt
Und Brudergräuel nun zum ersten Mal
Die kargen Fluren, und die Lüfte hören
Zuerst der Todesfittiche schaurig Schwirren.
Der Brudermörder, bebend, heimathlos,
Einsame Schatten meidend und der Winde
Geheimes Grollen durch die tiefen Wälder,
Erbaut zuerst Stadthäuser, bleicher Sorgen
Wohnsitz und Herrschgebiet; zuerst vereinigt
Verzweiflungsvolle Reue, krank und stöhnend,
Die blinden Sterblichen und bietet ihnen
Gesellige Zufluchtsstätten; nun verschmäht
Die Frevlerhand den krummen Pflug; der Schweiß
Des Landmanns wird verachtet. Müssiggang
Herrscht in des Lasters Haus, die alte Kraft
Versiecht im faulen Leibe, Trägheit lähmt
Die schlaffen Geister, und der Übel größtes,
Knechtschaft, befällt die kampfentwöhnte Menschheit.

Und vor des Himmels Wuth und dem Gebrüll
Der Meerflut auf den wolkenschweren Berghöh'n
Errettest du die sünd'ge Brut, o du,
Dem aus der Trübe von umwogten Hügeln
Das erste Zeichen neu belebter Hoffnung
Die weiße Taube zutrug, da im West,
Schiffbrüchig dem Gewölk enttaucht, die Sonne
Die schwarze Luft geschmückt mit Iriszauber.

56

Zurückkehrt das gerettete Geschlecht
Zur Erd', und neu beginnen böse Lust
Und Tück' und Angst ihr Spiel. Der Frevler trotzt
Des unnahbaren Meeres Strafgericht
Und trägt zu neuen Küsten, neuen Sternen
Sein altes Elend hin und seine Thränen.

Nun denkt die Seele dein, du Ahn der Frommen,
Gerechter, Starker, und der edlen Sprossen
Aus deinem Samen. Künden will ich, wie
Du Mittags einsam in dem Schatten saßest
Der trauten Hütte, an den sanften Ufern,
Wo deine Heerde friedlich weidete,
Und dich beglückte himmlischer Besuch
Mit stiller Segensabsicht, und wie dann
Beim ländlich schlichten Brunnen, Sohn der klugen
Rebekka, Abends in dem holden Thal
Von Haran, das von frohen Hirtenspielen
Belebt war, Liebe dich ergriffen hat
Zur schönen Tochter Laban's, Liebe, die
Unwiderstehlich langer Arbeit, langer
Verbannung und verhaßtem Joch der Knechtschaft
Die tapfre Seele willig unterwarf.

Gewiß war einst – und nicht mit leerem Wahn
Nährt der aonische Sang und alte Sage
Das horchbegierige Volk – gewiß war einst
Befreundet unserm Stamm und lieb und traulich
Dies Jammerthal, und unser elend Leben
Floß golden hin. Nicht daß in lautrer Welle
Milch aus dem Spalt der heimathlichen Felsen
Gequollen wär', und daß der Hirt den Tiger
Der Heerde zugesellt, zum trauten Pferch,
Zu munterm Spiel den Wolf zur Tränke führend.
Doch arglos unbekannt mit ihrem Schicksal
Und ihren Leiden allen, mühlos lebten
Die Menschenkinder hin; der weiche Schleier
Des holden Irrthums und der Täuschung hüllte

Noch des Geschicks und der Natur geheime
Gesetze freundlich ein, und hoffnungsfroh
Glitt in den Hafen unser sanftes Schiff.

58

So lebt in Californiens weiten Wäldern
Ein glückliches Geschlecht, dem bleiche Sorge
Noch nicht das Herzblut saugt, noch grimmes Siechthum
Die Glieder bändigt. Speise beut der Forst,
Wohnung die tiefe Felskluft, Wasser spendet
Der Bach im Thal, und unerwartet bricht
Der finstre Tod herein. O warum seid ihr
So wehrlos gegen unsre frevle Kühnheit,
Ihr Reiche der Natur! Allmächtig stürmt
In eure Küsten, Höhlen, Wälder unsre
Habgier'ge Wuth herein, erzieht die Völker,
Die sie entehrt, zu unbekannten Leiden
Und neuen Lüsten nur und scheucht den nackten
Flüchtling, das Glück, bis in den fernsten Westen.

IX. Sappho's letzter Gesang

(1824)

Du sanfte Nacht und du, verschämter Strahl
Des späten Monds, und du dort überm Felsen
Aufglänzend aus des Waldes stummen Wipfeln,
Du Tagesbote, die ihr meinen Augen,
Eh' ich das Schicksal kannt' und die Erinnys,
So lieb und hold erschient: nun tröstet nimmer
Ein wonnig Schauspiel mein verzweifelnd Herz!
Nur dann belebt mich langentwöhnte Freude,
Wenn durch den Äther schwimmend und die Fluren,
Die bang erzittern, sich der Strom des Südwinds
Mit Wogen Staubes wälzt, und wenn der Wagen,
Zeus' schwerer Wagen über unsern Häuptern
Hindonnernd durch die finstern Lüfte fährt.
Durch Klippen nur und tiefe Klüfte möcht' ich

59

In Wetterwolken wandeln; mich ergötzt
Erschreckter Heerden Flucht, das dumpfe Brausen
Der hochgeschwellten Flut
Am schwanken Ufer und der Wellen Wuth.

Schön ist dein Kleid, erhabner Himmel; schön
Bist du, thaufrische Erde. Ach, von aller
Endlosen Schöne nicht den kleinsten Theil
Verliehn die Götter und das tückische Schicksal
Der armen Sappho. Ein verachteter
Und läst'ger Gast in deinem stolzen Reiche,
Natur, hebt die verschmähte Liebende
Umsonst zu deinen Reizen Herz und Augen
Um Hülfe flehend auf. Mir lacht nicht mehr
Der sonnige Strand, der morgendliche Glanz
Am Himmelsthor; mich grüßt nicht der Gesang
Der buntgefiederten Vögel, nicht das Rauschen
Der Buchenwipfel; und wo unterm Schatten
Der Hängeweiden seinen reinen Schooß
Der klare Bach erschließt, entzieht er meinem
Unsichern Fuße die geschmeid'gen Wellen,
Als wär' ich ihm verhaßt,
Und flieht am blüh'nden Ufer hin in Hast.

Welch ein Vergehn, welch arge Missethat
Hat mich befleckt vor der Geburt, daß mich
Der Himmel und das Glück so finster ansehn?
Was frevelt' ich als Kind schon, wo das Leben
Noch Nichts von Sünde weiß, daß so beraubt
Der Jugend, so entblättert durch die Spindel
Der unerbittlichen Parze, meine Blüte
Verdorren muß? Ach, unbedachte Worte
Spricht deine Lippe! Unsre Loose lenkt
Geheimer Schicksalsschluß. Geheim ist Alles,
Nur unser Schmerz nicht. Ausgesetzte Kinder,
Zum Weinen nur geboren; das Warum
Ruht in der Götter Schooß. O Sorg' und Hoffnung
Der grünen Jugend! Nur der äußern Bildung,

60

Dem holden Schein nur gab der Vater Macht
Über die Menschen; manneswürd'ge Thaten,
Gesang und Geistesfülle –
Was frommen sie in reizlos schlichter Hülle?

So sterb' ich denn! Sein schlechtes Kleid abstreifend
Soll nackt mein Geist hinab zum Hades flüchten
Und sühnen so die harte Schuld des Himmels,
Der blind das Loos vertheilt. Und du, an den
Mich lang vergebne Liebe, langes Hoffen
Geknüpft und ungestillter Sehnsucht Wahnsinn,
Du lebe glücklich, wenn ein Sterblicher
Je glücklich lebte! Nicht den süßen Saft
Aus seinem kargen Faß will Zeus mir gönnen,
Nachdem mir alle Täuschungen und Träume
Der Jugend hingeschwunden. Jeder frohste
Tag unsres Lebens muß am schnellsten fliehn.
Krankheit beschleicht uns, Alter und der Schatten
Des eis'gen Todes. Siehe nun, von allen
Erhofften Palmen, allem Freudenwahn
Bleibt nur der Abgrund, und der tapfre Geist
Verfällt des Hades Macht,
Dem Reich das Schweigens und der düstern Nacht. 61

X. Die erste Liebe

(1831)

Ich weiß den Tag, da ich zum ersten Mal
Den Kampf der Liebe stritt und zu mir sprach:
Ist das die Liebe, weh, wie schafft sie Qual!

Am Boden haftete der Blick, doch ach,
Ich sah nur Sie, die mit unschuld'gem Triebe
Zuerst sich Bahn zu diesem Herzen brach.

Wie schlimm mißhandelt hast du mich, o Liebe!
Warum nur stürzt uns diese süße Lust
In solcher Schmerzen sehnliches Getriebe!

Nicht sanft, nicht heiter ward ich mir bewußt
Der neuen Macht. Sie kam mit Weh und Klagen
Und schnürte mir mit dunkler Angst die Brust.

Sprich, zärtlich Herz, was machte dich verzagen,
Was bebtest du so tief vor dem Gedanken,
Der aller Wonnen Preis davongetragen?

Bei dem Gedanken, der sich ohne Wanken
Dir Tags gesellt' und Nachts dir raunte zu
Süßschmeichelnd, wenn in Schlaf die Fluren sanken?

In Unruh', Glück und Jammer stürmtest du
Lautpochend fort und fort an dein Gefängniß
Und scheuchtest mir von meinem Pfühl die Ruh'.

Und wenn ich, matt von glühender Bedrängniß,
Die Augen schloß zum Schlummer, o wie bald
Verstört' ihn, wie im Fieber, Traumesbängniß!

Wie leibhaft stand die reizende Gestalt
Im Finstern da, und ob ich auch die Lider
Zudrückte, sie erblickt' ich tausendfalt.

Wie floß mit süßem Grau'n durch meine Glieder
Verworrne Glut, wie wogten ohne Stocken
Gedanken durch den Geist mir auf und nieder.

So fährt ein Zephyr durch die dichten Locken
Des alten Waldes, im Vorüberschweben
Ihm lange, bange Klagen zu entlocken.

Und da ich schweigend stand, wehrlos ergeben,
Was sagtest du, o Herz, als sie nun ging,
Um die in tiefer Noth du solltest beben?

Kaum, daß ich völlig an zu lodern fing,
So war des Lüftchens linder Hauch entschwunden,
Durch das ich Kühlung meiner Glut empfing.

Wach lag ich noch in frühen Morgenstunden,
Da stampfend schon an unsres Hauses Thor
Die Räuber meines Glücks, die Rosse stunden.

Und ich, verzagt und stumm, ein blöder Thor,
Hielt zum Balcon hin in den Finsternissen
Umsonst mein Aug' und mein begierig Ohr,

Ob ich noch einmal, eh' sie würd' entrissen,
Die Stimme hörte, die geliebte, traute,
Die Stimme nur! Mehr sollt' ich ewig missen.

Doch immer trafen nur gemeine Laute
Mein zweifelnd Ohr; ein Frösteln fiel mich an,
Indeß ich kaum zu athmen mir getraute.

Und als die theure Stimme endlich dann
Mir an die Seele drang und von den Rossen
Und Rädern schlug der Lärm zu mir hinan,

Da, nun verwais't, die Augen fest geschlossen,
Vergrub im Pfühl ich zuckend mein Gesicht,
Die Hand aufs Herz gepreßt, in Gram zerflossen.

Dann wankend unter meines Grams Gewicht
Schleppt' ich mich dumpf durchs schweigende Gemach
Und sprach: Was nun auch kommt, es rührt dich nicht!

Und bitterlich ward die Erinnrung wach
In meiner Brust, für jedes Bild verschlossen,
Für jede Stimme, die zum Herzen sprach.

Ein öder Schmerz war über mich ergossen,
Wie wenn der Regen weit und breit ins Land
Hcrniederrieselt, traurig und verdrossen.

Noch hatt' ich dich, o Liebe, nicht gekannt,
Und achtzehn Sommer lebt' ich bis zum Tage,
Wo ich mit Thränen deine Macht empfand.

Entwerthet war mir wie mit einem Schlage
Jedwede Lust, die heil'ge Morgenfrühe,
Der Sterne Glanz, des Frühlings Blütenhage.

Ich fühlte, wie die Sehnsucht selbst verglühe
Nach Ruhm, von der so heiß mein Busen brannte;
Nur Schönheit noch erschien mir werth der Mühe.

Nicht mehr zu den vertrauten Büchern wandte
Sich Aug' und Sinn. Leer schien mir auf einmal,
Was ich zuvor als einzig werth erkannte.

Wie hatt' ich mich verwandelt! ach, wie stahl
Die neue Leidenschaft mein Herz der alten!
Traun, eitle Menschen sind wir allzumal.

Nur noch mein Herz gefiel mir, Zwiesprach halten
Mit ihm, in ew'ge Träumerei begraben,
Und meinen Kummer hüten vorm Erkalten.

Nichts wollte mehr der Blick zu schauen haben,
Ob schön, ob häßlich; in sich selbst gekehrt,
Am eignen Licht nur wollt' er sich erlaben;

Aus Furcht, das reine Bild, so keusch verklärt,
Getrübt zu sehn im Spiegel meiner Brust,
Wie Seeflut, über die ein Lüftchen fährt.

Und jene Reue, daß ich nicht gewußt
Voll auszukosten, was so schön und gut,
Sie, die Vergifterin entschwundner Lust,

Trieb ihren Dorn mir rastlos in das Blut
Im Rückgedenken; ob auch noch die Pein
Der Schuld nicht an mir nagt' in wilder Glut.

Euch, edle Seelen, dir, du Sonnenschein,
Schwör' ich's: kein niedrer Wunsch hat mich verzehrt;
Die Glut in mir war sündelos und rein.

Und *noch* wird diese Flamme fortgenährt,
Noch lebt das schöne Bild in meiner Seele,
Und ob sie nur ein Traumglück mir gewährt –

Sie bleibt der Trost, den ich allein erwähle!

XI. Die Blauamsel

(1836)

Herab von jenes alten Thurmes Zinne
Singst du ins Feld hinaus, einsamer Vogel,
Und erst des Tags Verscheiden macht dich stumm.
Der süße Wohllaut schweift durch dieses Thal;
In Lüften glänzt ringsum
Der Lenz und zieht frohlockend durch die Fluren,
Daß uns der Anblick zärtlich rührt die Brust.
Du hörst die Schafe blöken, Rinder brüllen,
Die andern frohen Vögel um die Wette
In tausend Kreisen schwärmen unterm Himmel,
Frohlockend dieser Zeit, der lustgeweihten.
Du blickst von fern nachdenklich ins Getümmel;
Nicht an Gefährten, Flügen
Und heiterm Spiel magst du Gefallen finden.
Du singst, – und so entschwinden
Dir deine wie des Jahres Blütezeiten.

Wie ähnlich, ach, verrinnt
Mein Tag dem deinen! Muntrer Scherz und Lachen,
Die stets der Jugendzeit Gespielen sind,
Und du, der Jugend holde Schwester, Liebe,
Du bittrer Seufzer unsrer reifern Tage,
Mich rührt ihr nicht; warum? ich weiß es nicht;
Ja, euch entflöh' ich gerne.
Fast allen Menschen ferne,
Fremd meinem Heimathort,
Seh' ich, wie meines Lebens Lenz verstreicht.
Sie pflegen diesen Tag, der nun sich neigt,
In unserm Städtchen festlich zu begehn.
Horch, wie durch klare Luft das Glöckchen tönt,
Horch, wie dazwischen oft aus Eisenröhren
Ein Donnern fern von Haus zu Haus erdröhnt.
Des Ortes Jugend heut

In ihren Feierkleidern
Verläßt die Häuser, wandelt hier- und dorthin
Und schaut und läßt sich schau'n und ist vergnügt.
Ich geh' in Einsamkeit
Hinaus hier diesen abgelegnen Pfad.
Ach, alle Lust und Freude
Vertag' ich auf die Zukunft, und indeß ich
Den Blick ins Helle lenke,
Trifft mich die Sonne, die von fernen Bergen
So klar herübersieht
Und scheidend mir zu sagen scheint: gedenke,
Wie bald die sel'ge Jugendzeit entflieht.

Du, einsam Vögelchen, wenn sich zum Abend
Das Leben neigt, das dir die Sterne gönnen,
Wirst nicht beklagen dies
Dein stilles Dasein; denn aus der Natur
Blüht euch all euer Glück.   66
Doch ich – läßt mein Geschick
Mich zur verhaßten Schwelle
Des Greisenthums gelangen,
Wo diesen Augen, stumm für fremde Herzen,
Die Welt verödet dünkt, der nächste Tag
Noch trauriger, als alle, die vergangen –
Wie wird mir diese Zeit,
Einsam versäumt, wie werd' ich selbst mir scheinen?
In Reue werd' ich weinen
Und ach, umsonst zur Jugend heimverlangen.   67

XII. Das Unendliche

(1831)

Lieb war mir immer dieser kahle Hügel
Und diese Hecke, die dem Blick so Viel
Vom fernsten Horizont zu schau'n verwehrt.
Und wenn ich sitz' und um mich blicke, träum' ich,
Endlose Weiten, übermenschlich Schweigen
Und allertiefste Ruhe herrsche dort
Jenseits der niedern Schranke, und das Herz
Erschauert mir vor Grau'n. Und hör' ich dann
Den Wind erbrausen im Gezweig, vergleich' ich
Die grenzenlose Stille dort, und hier
Die laute Stimme; und des Ew'gen denk' ich,
Der todten Zeiten und der gegenwärt'gen
Lebend'gen Zeit und ihres Lärms. Und so
Im uferlosen All versinkt mein Geist,
Und süß ist mir's, in diesem Meer zu scheitern.

XIII. Am Abend eines Festtages

(1831)

So mild und hell und windstill ist die Nacht,
Und ruhig über Dächer hin und Gärten
Schwebt dort der Mond und zeigt auch in der Ferne
Klar jeden Bergesgipfel. O Geliebte,
Nun sind die Gassen stumm, nur aus den Fenstern
Schimmert noch hie und da die nächt'ge Lampe.
Du schläfst; denn deiner harrt' ein leichter Schlummer
Im lauschigen Gemach, und keine Sorge
Nagt dir am Herzen. Ach, du weißt, du ahnst nicht,
Welch eine Wunde meiner Brust du schlugst.
Du schläfst; ich tret' ans Fenster, diesen Himmel,
Der mir so gütig lächelt, zu begrüßen
Und die Natur, die alte, allgewalt'ge,
Die mich erschuf zum Leiden. Dir versag' ich
Die Hoffnung, sprach sie, selbst die Hoffnung. Dir
Soll nie das Auge glänzen, als von Thränen. –
Dies war ein Feiertag; von Spiel und Kurzweil
Ruhst du nun aus und denkst vielleicht im Traum
An Alle, denen heute du gefielst
Und die dir selbst gefielen. Ich – nie hofft' ich's –
Bin unter Diesen nicht. Indessen frag' ich,
Wie lang dies Leben währt, und hier zu Boden
Werf' ich mich stöhnend. Fürchterliche Tage
In solcher Jugend! Unfern auf der Straße
Kann ich den einsamen Gesang vernehmen
Des Tagelöhners, der in später Nacht
Heimkehrt vom Fest in seine arme Hütte,
Und heftig schnürt sich mir das Herz zusammen,
Denk' ich, wie Alles in der Welt vergeht
Und kaum noch Spuren läßt. Verflogen ist
Der Festtag, und dem Feiertage folgt
Der Werkeltag, und so entführt die Zeit
Ein jedes Menschenloos. Wo ist nun hin

68

46

Der Ruf der alten Völker? Wo die Stimme
Unsrer erlauchten Ahnen und das Weltreich
Des großen Rom, die Waffen und das Tosen,
Das einst erschollen über Land und Meer?
Alles ist Ruh' und Frieden, stille liegt
Die weite Welt, und Niemand spricht von Jenen.
In meiner Jugendzeit, da noch mit Sehnsucht
Den Festtag ich erharrte, wenn er dann
Vergangen war, lag ich in Schmerzen wach
Auf meinem Bette; und in später Nacht
Ein Lied, das mir heraufklang von der Straße
Und sich entfernend nach und nach erstarb –
Ganz so wie heut beklemmte mir's das Herz!

XIV. An den Mond

(1831)

O lieblichklarer Mond, ich denke dran,
Wie ich, nun wird's ein Jahr, von diesem Hügel,
Das Herz voll Schwermuth, zu dir aufgeblickt.
Du schwebtest damals über jenem Walde
Ganz so wie heut, wo du ihn voll verklärst;
Doch nebelhaft und zitternd, da von Thränen
Die Wimper überquoll, erschien dein Bild
Damals vor meinem Blick; denn leidvoll war
Mein Leben, wie noch heut und alle Zeit,
O mein geliebter Mond. Und doch erfreut mich
Erinnrung; denn ich zähle gern, wie alt
Mein Kummer wird. O wie so reizend ist's,
In jungen Jahren, wo die Bahn der Hoffnung
Noch lang und kurz nur des Erinnerns Pfad,
Zurückzudenken an vergangne Dinge,
Selbst wenn sie trüb sind und das Leid noch währt!

69

XV. Der Traum

(1831)

Noch frühe war's. Durch die geschlossnen Läden
Stahl über den Balcon der erste Schein
Des Morgenroths sich in mein dunkles Zimmer.
Da, um die Zeit, wo leichter schon und süßer
Der Schlummer uns die Wimpern überschattet,
Stand plötzlich neben mir und sah mich an
Das Bildniß Jener, die zuerst mich Liebe
Gelehrt und dann in Thränen mich verlassen.
Nicht todt, nur traurig schien sie mir, das Antlitz
Verwandelt wie von schwerem Leid. Die Rechte
Bewegte sie nach meinem Haupt und sprach
Mit Seufzen: Lebst du und gedenkst noch irgend
An mich? – Woher, entgegnet' ich, und wie
Kommst du, geliebte Schönheit? Ach, wie trug ich,
Wie trag' ich Leid um dich, und glaubte nicht,
Du könnest darum wissen, und mein Schmerz
Ward ärmer nur an Trost durch diesen Wahn.
Doch willst du nun mich abermals verlassen?
Ich fürcht' es sehr. O sage, wie erging dir's?
Bist du noch, die du warst? Und was bekümmert
Die Seele dir? – Vergessenheit umnachtet
Deine Gedanken, und der Schlaf umhüllt sie,
Sprach Jene. Ich bin todt. Du schautest mich
Zum letzten Mal vor Monden. – Bei den Worten
Drang ein unendlich Weh durch meine Brust.
Und sie fuhr fort: Im Flor der Jahre starb ich,
Wo Leben uns am süßesten, und eh' noch
Das Herz begriffen, wie so völlig eitel
Der Menschen Hoffnung. Den herbeizuwünschen,
Der ihn erlös't von allem Leid, wie liegt's
Dem kranken Menschen nah! Doch trostlos naht
Der Tod der Jugend, und ein hartes Schicksal
Ereilt die Hoffnung, die im Grab erlischt.

Nicht frommt's zu wissen, was Natur verbirgt
Den Neulingen im Leben; und um Vieles
Ist unerfahrner Weisheit vorzuziehn
Der blinde Schmerz. – O Unglücksel'ge, Theure,
O schweige, rief ich, schweige! Deine Worte
Zerreißen mir das Herz. So bist du wirklich
Todt, o Geliebte, und ich leb', und so
War es verhängt, daß dieser theure Leib,
Der zärtliche, im bangen Todesschweiß
Vergehen sollt' und ich behielte diese
Elende Hülle? Ach, so oft ich auch
Bedenke, daß du nicht mehr lebst und ich
Nie in der Welt dich werde wiederfinden,
Nie kann ich's glauben! Wehe mir! was ist
Das Wesen, das man Tod nennt? Heut einmal
Könnt' ich's erfahren und mein wehrlos Haupt
Dem grimmen Hasse des Geschicks entziehn.
Jung bin ich noch, doch schwindet und verzehrt sich
Mein junges Leben wie ein Greisenthum,
Vor dem mir graut, obwohl mirs noch so fern.
Doch kaum vom Greisenalter unterscheidet
Sich meine Blütezeit. – Zum Weinen wurden
Wir Zwei geboren, sprach sie. Unserm Leben
Hat nie das Glück gelacht; der Himmel freute
Sich unsrer Qual. – Wenn denn das Aug' von Thränen,
Sprach ich, von Blässe das Gesicht verschleiert
Um deines Scheidens willen und das Herz
Mir schwer von Angst ist, sage mir: hat je
Von Lieb' ein Funken oder Mitleid gegen
Den armen Liebenden dein Herz bewegt,
So lang du lebtest? In Verzweiflung damals,
Dann wieder hoffend lebt' ich Tag' und Nächte;
Am leeren Zweifel müdet heut die Seele
Sich ab. Drum wenn auch nur ein einzig Mal
Du Leid gefühlt um mein verdüstert Leben,
Verbirg mir's nicht, ich flehe, und Erinnrung,
Jetzt da die Zukunft unserm Leben fehlt,
Sei mir ein Trost. Und sie: Getröste dich,

Unglücklicher! Ich war an Mitleid nie
Dir karg, so lang ich lebte, noch auch jetzt;
Denn elend war auch ich. Beklage nicht
Dies unglückseligste von allen Mädchen. –
Bei unsern Leiden, bei der heißen Liebe,
Die in mir lodert, rief ich, bei dem holden
Namen der Jugend, unsrer Tage früh
Verlorner Hoffnung, o vergönn es, Theure,
Daß ich die Hand dir fassen darf! – Da reichte
Sie sanft und traurig sie mir hin. Und als ich
Mit Küssen sie bedecke und, erbebend
Von bittrem Weh und Wonne, an die Brust,
Die wallende, sie drücke, Brust und Antlitz
In feuchte Glut getaucht und mir im Halse
Die Stimme stockt, wankt schon der Tag vorm Auge.
Und sie darauf, in meine Augen zärtlich
Die ihren heftend: Freund, vergissest du,
Sprach sie, daß ich von jedem Reiz entblößt bin?
Und doch umsonst, Unglücklicher, in Liebe
Bebst und erglühst du! Aber nun lebwohl;
Denn unsre armen Seelen, unsre Körper   72
Sind ewiglich getrennt. Nicht mehr für mich
Lebst du und sollst du leben. Deinen Schwur
Zerriß das Schicksal. – Da in meiner Angst
Aufschreien wollt' ich, und vergehend fast,
Die Augen schwer von hoffnungslosen Thränen,
Erwacht' ich aus dem Schlaf. Vor meinen Blicken
Stand sie noch immer, und noch immer glaubt' ich
Ihr Bild zu sehn im schwanken Strahl der Sonne.   73

XVI. Einsames Leben

(1831)

Am frühen Tage, wenn mit Flügelschlagen
Die Henne munter im verschlossnen Hause
Sich regt und gackert und der Landbewohner
Auf den Altan hinaustritt, während zitternd
Die Sonnenpfeile durch den Tropfenfall
Des Nebels dringen, weckt der Regen mich,
Sacht an das Fenster meiner Hütte klopfend.
Da steh' ich auf, und jene leichten Wölkchen,
Der Vögel erstes Zwitschern und die Frische
Der Lüfte segn' ich und die heitren Fluren.
Denn euch, der Stadt unsel'ge Mauern, sah ich
Nun lang genug und weiß: in euch ist immer
Dem Schmerz der Haß gesellt; ach, und in Schmerzen
Leb' ich und sterbe so – wohl bald! Nur hier,
In diesen Stätten, gönnt Natur, wie karg auch,
Ein stilles Mitleid mir, dem sie dereinst
So huldvoll sich bewies! Und du auch wendest
Vom Unglück ab den Blick; auch du verschmähst
Die Armen und Beladnen, o Natur,
Und huldigst nur dem Glück. So bleibt im Himmel
Kein Freund und auf der Erde keine Zuflucht
Dem Unglücksel'gen als ein scharfer Stahl.

Zuweilen rast' ich einsam irgendwo
Auf einem Hügel, an des Weihers Saum,
Von traurigstummen Pflanzen rings umkränzt.
Dort, wenn der Mittag sich an Himmel neigt,
Spiegelt ihr ruhig Bild die hohe Sonne,
Im Winde regt sich weder Halm noch Blatt,
Kein Wellchen kräuselt sich, kein Heimchen hörst du,
Nicht einen Vogel schwirren im Gezweig;
Kein Falter flattert, weit und breit, vernimmst
Und siehst du Nichts, was tönt und sich bewegt.

Um diese Ufer webt die tiefste Ruhe,
Daß fast der Welt und meiner selbst vergessend
Ich reglos sitze, ja mir ist, als wären
Die Glieder mir gelös't, kein Hauch, kein Fühlen
Bewegte sie, und ihre alte Ruhe
Verschmölze mit der Stille dieses Orts.

O Lieb', o Liebe, wie so weit entflohst du
Von dieser Brust, die einst so warm gefühlt,
Ja, glühend heiß! Mit seiner kalten Hand
Ergriff das Unglück sie, bis sie vereis'te
Im Flor der Jahre. Jener Zeit gedenk' ich,
Da du mein Herz durchbebtest, jener süßen,
Ewig verlornen Zeit, wo sich zuerst
Dem jungen Blick der Schauplatz dieser armen,
Unsel'gen Welt eröffnet, mit dem Lächeln
Des Paradieses. Ach, jungfräulich Hoffen
Und süße Sehnsucht macht das Herz des Jünglings
Im Busen klopfen, und der arme Mensch
Schickt sich zur Arbeit dieses Lebens, wie
Zu Tanz und Spiel. Doch kaum, o Liebe, war
Ich deiner inne worden, als das Schicksal   74
Mein Leben schon zerbrach, und diesen Augen
Nichts mehr geziemt', als für und für zu weinen.
Zuweilen nur, wenn auf den Frühlingsfluren,
Beim stillen Frühroth, oder wenn im Glanz
Der Sonne Dächer, Au'n und Hügel schimmern,
Ich eines holden Mädchens Antlitz schaue,
Oder so oft ich in der milden Ruhe
Der Sommernacht den Schritt, der ziellos schweift,
Anhaltend vor des Dorfes kleinen Hütten
Das öde Land betrachte, und ein Mädchen,
Das noch die Nacht zu ihrer Arbeit nützt,
Mit heller Stimme im verlassnen Zimmer
Zu singen anhebt: plötzlich klopft mir stürmisch
Dies schon versteinte Herz; doch ach, wie bald
Sinkt es zurück in seine eh'rne Dumpfheit,
Denn allem Süßen fremd ward diese Brust.

O holder Mond, bei dessen sanftem Strahl
Im Wald die Hasen tanzen, – und der Jäger
Schilt dann des Morgens, wenn er alle Fährten
Verwirrt und trüglich findet und die Spur
Vom Nest des Wildes ablenkt, – sei gegrüßt,
Du güt'ge Herrscherin der Nacht! Es gleitet
Verhaßt dein Strahl durch Wald und Klippen oder
In öde Trümmer auf den Dolch herab
Des bleichen Räubers, der gespannten Ohrs
Auf das Geräusch der Räder und der Rosse
Von ferne lauert, oder auf den Fußtritt
Im stillen Hohlweg; plötzlich mit dem Klirren
Der Waffen und dem rauhen Ruf der Stimme
Und der geschwärzten Larve macht zu Eis er
Des Wandrers Herz erstarren, den er blutend
Und nackt im Dickicht läßt. Verhaßt begegnet
Dein weißes Licht dort in der Städte Gassen
Dem feigen Buhler, der entlang den Mauern
Der Häuser schleicht und im verstohlnen Schatten
Sich hält und plötzlich stehen bleibt, erschreckt
Vom Strahle der Laternen und der offnen
Balcone. Arger Menschenbrut verhaßt,
Wird *mir* dein Anblick immer lieblich sein
In diesen Fluren, wo du Andres nicht
Als heitre Hügel, weitgedehnte Felder
Dem Auge zeigst. Und dennoch pflegt' ich einst,
Obwohl ich schuldlos lebte, deinen zarten
Strahl zu verwünschen an bewohnten Stätten,
Wenn er dem Blick der Menschen mich verrieth,
Menschliche Formen meinem Aug' enthüllte.
Nun will ich stets dich preisen, mag ich durch
Gewölk dich schwimmen sehen, oder heiter
Als Königin des hohen Ätherraumes
Zum Thränenthal der Menschen niederblicken.
Mich wirst du oft noch schauen, stumm und einsam
Durch Wälder irrend und durch grüne Ufer,
Oder im Grase sitzend, hochzufrieden,
Wenn Kraft und Athem nur zum Seufzen bleibt!

XVII. Consalvo

(1836)

Dem Ziele seines Erdenlebens nah
Lag nun Consalvo, und der alte Hader
Mit seinem Schicksal war gestillt; denn mitten
Im fünften Lustrum hing schon das ersehnte
Vergessen ihm zu Häupten. Wie seit lange,
So lag er auch an seinem Todestage,
Verlassen von den liebsten Freunden allen.
Bleibt in der Welt kein Freund doch auf die Länge
Dem Menschen treu, der sich der Welt verschließt.
Doch bei ihm war, von Mitgefühl bewegt,
Den Armen, einsam Scheidenden zu trösten,
Die immer und allein sein Herz erfüllte,
Elvira, allverehrt um ihre Schönheit,
Wohl ihrer Macht bewußt, wohl wissend, daß
Ein heitrer Blick von ihr, Ein süßes Wort,
Ihr tausend Mal und tausend nachgesprochen
In treuester Erinnrung, Trost und Nahrung
Ihm war in hoffnungsloser Liebesqual,
Obwohl sie selbst noch nie ein Wort der Liebe
Von ihm vernommen. Sein Gemüth beherrschte,
Noch allgewalt'ger als die tiefe Sehnsucht,
Geheime Scheu. So sehr zum Kind und Sklaven
Macht' ihn das Übermaß der Leidenschaft.

Doch endlich lös'te seiner Zunge Fessel
Der Tod; denn als er fühlt' an sichern Zeichen,
Daß seines Scheidens Tag gekommen sei,
Und sie hinweggehn wollte, fasst' er sie
An ihrer weißen Hand mit leisem Druck
Und sprach: Du gehst; die Stunde treibt dich fort.
Lebwohl, Elvira! Heut wohl seh' ich dich
Zum letzten Mal. Nun denn ade! Ich sage
Dir Dank für deine Sorg' und Müh', so innig

Es nur mein Mund vermag. Ein Höh'rer wird sie
Dir lohnen, wenn der Himmel Gutthat lohnt. –
Bleich ward die Schöne, und den Busen hob ihr
Ein schwerer Seufzer; denn dem Menschen, wär' er
Auch nur ein Fremder, schnürt doch stets ein Schmerz
Die Brust zusammen, wenn ein Scheidender
Für immer Abschied nimmt. Und widersprechen,
Verhehlen wollte sie das Nahn des Schicksals
Dem Sterbenden. Doch er kam ihrer Rede
Zuvor und sagte: Lang ersehnt, du weißt es,
Und heiß herbeigewünscht, doch nicht gefürchtet
Kommt über mich der Tod, und dieser Tag
Des Scheidens dünkt mich froh. Wohl wird mir's schwer,
Für immer dich zu lassen. Ach, für immer
Scheid' ich von dir! Das Herz zerschneidet mir
Dies Wort! Dies Auge soll ich nimmer sehn,
Noch deine Stimme hören! Sag, bevor du
Auf ewig von mir gehst, Elvira, willst du
Nicht einen Kuß mir gönnen? Einen Kuß nur
In meinem ganzen Leben? Sterbenden
Versagt man keine Bitte. Auch nicht prahlen
Kann ich mit dieser Gunst, ich Halberloschner,
Dem bald, noch heute, fremde Hand die Lippen
Auf ewig schließen wird. – Nach diesem Wort
Drückt' er erseufzend seine kalten Lippen
Inbrünstig auf der Heißgeliebten Hand.

Unschlüssig, in nachdenklicher Geberde
Stand erst die Wunderschöne, heftete
Den Blick, von tausend Reizen sprühend, fest
Auf den des Unglücklichen, drinnen noch
Die letzte Thräne glänzte. Und sie bracht' es
Nicht übers Herz, die Bitte zu versagen,
Sein traurig Scheiden zu verbittern. Mitleid
Mit seiner Glut, um die sie wußte, zwang sie.
Und jenes Himmelsantlitz, jenen Mund,
Nach dem er heiß geschmachtet, der seit Jahren
All seinen Träumen sehnlich vorgeschwebt,

Sanft nähert' sie dem leidenvollen Antlitz,
Das schon erblichen war von Todeswehen,
Und drückte Kuß um Kuß, ganz holde Güte
Und hohes Mitleid, auf die bangen Lippen
Des Liebenden, der vor Entzücken bebte.

Wie war dir da? In welchem Licht erschien
Nun Leben, Tod und Unglück deinen Augen,
Consalvo, kurz vorm Scheiden? Jene Hand
Der Theuren, die er noch in seiner hielt,
Legt' er aufs Herz, drin schon die letzten Schläge
Des Todes und der Liebe zitterten,
Und seufzt': Elvira, o Elvira, bin ich
Noch auf der Erde? Waren diese Lippen
Denn *deine* Lippen? Drück' ich *deine* Hand?
Ach, ein Gesicht des Jenseits scheint es mir,
Ein wesenloser Traum! Wie viel, Elvira,
Wie viel dank' ich dem Tode! Nie zuvor
War meine Liebe dir verborgen, dir nicht
Und keinem Andern; wahre Liebe bleibt
Auf Erden nicht verborgen. Sprach sie doch
Dir klar genug in Blicken und Geberden
Und Mienen; ach, in Worten nie. Und jetzt noch
Wär' stumm geblieben dies unendliche
Gefühl, das mich beherrscht, hätt' es der Tod,
Nicht kühn gemacht. Nun sterb' ich ausgesöhnt
Mit meinem Schicksal und beklag' es nimmer,
Daß ich das Licht sah. Nicht vergebens lebt' ich,
Da mir's gegönnt ward, diesen Mund an meinem
Zu fühlen. Nein, vielmehr beseligt dünkt mir
Mein Loos. Zwei holde Güter birgt die Welt:
Liebe und Tod. Dem einen führt der Himmel
Im Jugendflor mich zu; vom Andern ward mir
Genug des Glücks zu Theil. Ach, hättst du Einmal,
Ein einzig Mal dies lange Sehnen mir
Beschwichtigt und gestillt, die Erde wäre
Hinfort für immer den bekehrten Augen
Ein Paradies erschienen. Selbst das Alter,

Das tiefverhasste Greisenalter hätt' ich
Gelassnen Muths ertragen; aufrecht hätte
Mich stets erhalten eines einzigen
Moments Erinnrung, der Gedank': ich war
Beglückt vor allen Glücklichen. Doch ach,
So hohe Wonne gönnt der Himmel nicht
Dem irdischen Geschöpf. So überschwänglich
Liebt nicht, wer glücklich liebt. Und gerne drum
Hätt' ich mich Henkern überliefert, wäre
Zu Geißelung und Rad und glüh'ndem Eisen
Geeilt aus deinen Armen und hernach
Furchtlos hinabgetaucht in ew'ge Qual.

Elvira, o Elvira, selig Der,
Sel'ger als alle Götter, dem in Liebe
Du je zulächelst! Selig ihm zunächst,
Wer dir sein Blut und Leben opfern kann.
Es darf, es darf der Mensch – nicht ist's ein Traum,
Wie lang ich wähnte, – schon auf Erden darf
Er Glück genießen! Jenen Tag erfuhr ich's,
Da ich dein Antlitz sah. Wohl sollte dies
Mir tödtlich werden. Dennoch hab' ich nie
Mit klaren Sinnen, nie in so viel Ängsten
Verwünschen können jenen Unheilstag!

Du lebe glücklich nun, Geliebte, schmücke
Die Welt mit deinem Antlitz. Keiner wird
Dich lieben, so wie ich dich liebte. Nie
Kehrt solche Liebe wieder. Ach, wie schmerzlich
Hat in den langen Jahren dich der arme
Consalvo hergewünscht, erseufzt, ersehnt!
Wie pflegt' ich bei Elvira's Namen zitternd,
Die Brust von Frost durchschauert, zu erblassen,
Wenn deine Schwelle gramvoll ich betrat,
Bei deiner Engelsstimme, bei dem Anblick
Der weißen Stirn, der ich vorm Tod nicht bebe!
Doch nun versagt der Athem und das Leben
Dem Laut der Liebe. Meine Zeit ist um;

Nicht soll ich dieses Tags mich mehr erinnern.
Fahrwohl, Elvira! Mit dem Lebensfunken
Trennt dein geliebtes Bild sich endlich nun
Von meinem Herzen. Lebewohl! Und zürnst du
Nicht dieser Liebe, sende morgen, wenn
Es Nacht wird, einen Seufzer meiner Bahre!

Er schwieg. Nicht lange mehr, und mit der Stimme
Schwand sein Bewußtsein; noch vor Abend war
Sein erster Glückstag seinem Blick entschwunden.

XVIII. An die Geliebte

(1824)

Du Holde, die mein Sehnen
Von fern erregt mit tiefverhüllten Zügen,
Mich läßt im Traum nur wähnen,
Ihr himmlisch Bild zu schauen,
Und wenn am schönen Tag
In Wonne lachend die Gefilde liegen:
Sag, lebtest du dein Leben
Schon in der goldnen Zeit, der unschuldsvollen,
Um heut uns zu umschweben
Als Schatten? Oder hat ein neidisch Walten
Des Schicksals dich der Zukunft vorbehalten?

Die Hoffnung ist geschwunden,
Dich je zu schau'n im Leben;
Erst dann vielleicht, wenn hüllenlos mein Geist
Nach fremden Stätten einsam wird entschweben
Auf neuem Pfad. Schon einst im Morgengrauen
Des Erdentags mit ungewissem Scheine
Glaubt' ich, auf dieser rauhen Erde sei'st
Auch du bestimmt zur Pilgerschaft. Doch fand ich
Nichts Irdisches dir ähnlich. Wenn auch Eine

81

Dir glich' an Zügen, an Geberd' und Rede, –
An Reiz und Anmuth überträfst du Jede.

Wenn unter all den Leiden,
Die Sterblichen verhängt sind vom Geschick,
Leibhaft und so wie dich mein Geist geträumt
Dich Einer liebt' auf Erden, – dieses Leben
Wär' ihm ein sel'ges Glück;
Ich fühl' es tief: nach Ruhm und Tugend streben
Würd' ich aufs Neue, wie in junger Zeit,
Um deiner Liebe willen. Jetzt gewährt
Der Himmel keine Lindrung meinem Leid.
Mit dir vereinigt wäre schon hienieden
Ein göttergleiches Dasein mir beschieden.

In Thälern, wo das Lied
Des fleiß'gen Landmanns hinterm Pflug ertönt,
Sitz' ich versenkt in Sehnen
Nach meinem Jugendtraum, der nun entflieht.
Und fließen auf den Hügeln meine Thränen,
Weil meinen Tagen jede Sehnsucht, jede
Hoffnung entschwand, – auf einmal, denk' ich dein,
Pocht neuerweckt mein Herz. O könnt' ich nur
In dieser düstern Zeit voll Schmach und Pein
Dein hohes Bild bewahren, das so mild,
Obwohl ihm Leben fehlt, die Seele stillt!

Bist du vielleicht der ew'gen
Ideen eine, der die ew'ge Weisheit
Ein sinnliches Gewand nicht wollte geben,
Nicht sie in schwacher Hülle
Verstoßen in dies todgeweihte Leben?
Wie, oder ward zum Wohnort dir ersehen
Ein neu Gestirn aus aller Welten Fülle,
Wo schöner als die Sonne dich umstrahlt
Der nächste Stern und mildre Lüfte wehen?
So nimm aus dieser Welt, so leidgetrübt,
Das Lied des Unbekannten, der dich liebt!

82

XIX. An den Grafen Carlo Pepoli

(1826)

Den schweren, unruhvollen Schlummer, den
Wir Leben nennen, wie erträgst du ihn,
Mein Pepoli? An welchen Hoffnungen
Stärkst du dein Herz? Was für Gedanken, welche
Geschäfte, heiter oder lästig, füllen
Die Muße, die, ein mühevolles Erbtheil,
Du von den Ahnen überkamst? Das Leben
In jedem ird'schen Stand ist immer müssig,
Wenn alles Thun und Schaffen, das nicht strebt
Nach würd'gen Zielen oder nie den Zweck
Erreichen kann, für mehr nicht gelten mag
Als eitel Müssiggang. Der fleiß'ge Haufe,
Den hinterm Pflug, im Garten, bei den Heerden
Das stille Frühroth wie der Abend trifft,
Wenn du ihn müssig nennst, da er sein Leben
Nur fristet, um zu leben, und dem Menschen
Das Leben an sich selber werthlos ist,
So sprichst du recht und wahr. Die Tag' und Nächte
Verdehnt der Schiffer müssig. Müssiggang
Ist all das Schweißvergießen in der Werkstatt,
Des Kriegers kühner Wacht- und Waffendienst,
Und müssig lebt der geiz'ge Handelsmann.
Denn jenes holde Glück, nach dem allein
Sich sehnt und strebt die sterbliche Natur,
Niemand erwirbt es, weder sich noch Andern,
Durch Sorg' und Schweiß, durch Wachen und Gefahr.
Doch für die herbe Sehnsucht, die so rastlos
Vom Anbeginn der Welt die Sterblichen
Nach Glück begehren heißt und stets umsonst,
Schuf die Natur als lindernde Arznei
Im Elend dieses Lebens mannichfache
Nothdurft, die ohne Müh' und Denken nicht
Befriedigt werden mag, auf daß der Tag,

83

Kann er nicht fröhlich sein, doch ausgefüllt sei
Dem menschlichen Geschlecht und, so gestört
Und irrgeleitet, jene Sehnsucht minder
Das Herz bestürme. Sehen wir doch auch
Die unermessne Thierwelt, der, gleichwie
Uns selbst, allein und stets getäuscht die Sehnsucht,
Glücklich zu sein, im Innern lebt, auf das
Bedacht, was noth zum Leben, minder traurig
Als wir und leichter ihre Zeit verbringen
Und nicht der Stunden trägen Schritt verklagen.
Doch uns, die Andern wir die Sorge lassen
Für unsre Lebensnothdurft, uns bedrückt
Nur eine schlimmre Noth, die außer uns
Kein Andrer lindern kann, die wir nicht mühlos
Und leicht befried'gen: die Nothwendigkeit,
Das Leben hinzubringen, eine harte,
Eh'rne Nothwendigkeit, von der nicht Schätze,
Noch reiche Heerden oder fette Fluren,
Nicht Prunk des Hofes noch ein Purpurmantel
Den Menschen je befrei'n. Und wenn, im Grimm
Auf unser ödes Leben und das Licht
Des Himmels hassend, wir die Mörderhand,
Dem zögernden Geschick zuvorzukommen,
Nicht an uns selber legen, suchen wir,
Das Nagen jener unheilbaren Sehnsucht
Nach Glück zu stillen, tausend Arzenei'n,
Ohnmächtig all', ein trauriger Ersatz
Für jene eine, die Natur uns bietet.

    Bald füllt die Pflege von Gewand und Haar
Und Gang und Haltung und die eitle Sorge
Für Pferd' und Wagen, Lust an vollen Sälen,
Lärmvollen Plätzen oder schönen Gärten,
Bald füllen Spieltisch, Gasterei'n und Tänze
Dem Vielbeneideten die Tag' und Nächte.
Stets lächelt seine Lippe, doch im Busen,
Ach, in der tiefsten Seele fest und starr
Gleich einer diamantnen Säule sitzt

Die ew'ge Langeweile, gegen die
Der Jugend Zauber nichts vermag und nichts
Die süße Plauderkunst von Rosenlippen
Und nichts der Blick, der zärtlich bebende,
Aus schwarzen Augen, jener süße Blick,
Das himmelswürdigste der Erdengüter.

Ein Andrer, gleich als könn' er so entfliehn
Dem herben Menschenloos, wenn Land und Luft
Er ewig wechselt, irrt durch Berg' und Meere,
Durchstreift den ganzen Erdkreis; jede Grenze
Des Raums, die uns Natur im endlos weiten
Gefild des Alls eröffnet, mißt er aus
In stetem Wandern. Ach, am hohen Bord
Des Schiffes reis't die schwarze Sorge mit!
In jedem Luftstrich, jedem Land umsonst
Ruft er nach Glück; rings lebt und herrscht die Trauer.

Ein Andrer wählt die rauhen Werke sich
Des Kriegs zur Kurzweil, taucht in Bruderblut
Die Hand zum Zeitvertreib; ein Andrer weidet
Sich an des Nächsten Unglück, denkt, es werd'
Ihm frommen, wenn er Andre elend macht,
Und wendet seine Zeit auf Unheilstiften.
Und während Der sich müht um Tugend, Künste
Und Wissenschaft, ist Jener nur bedacht,
Sein eignes oder fremdes Volk zu knechten,
Stört ferne Länder aus der alten Ruhe
Und füllt mit Handel, Krieg und schlauen Ränken
Die zugemessne Frist des Lebens aus.

Doch dich beherrschen sanftre Neigungen
Und süßre Sorgen in der Jugend Flor,
Dem holden Lenz des Lebens, jenem höchsten
Geschenk des Himmels, aber hart und bitter
Dem, der ein Vaterland entbehrt. Dich treibt
Die Lust an Liedern und im Wort zu schildern
Das Schöne, das so selten, karg und flüchtig

Der Welt erscheint und das uns, gütiger
Als Himmel und Natur, so unerschöpflich
Die holde Phantasie und eigner Wahn
Hell vor die Seele zaubern. Tausendmal
Glückselig, wer die leichtverwelkte Kraft
Der trauten Einbildung nicht schwinden fühlt,
Wie auch die Jahre fliehn; wem das Geschick
Des Herzens ew'ge Jugend gönnen will;
Wer in der Vollkraft wie in müder Zeit,
So wie er einst gepflegt in grüner Jugend,
Im Innern seiner Brust Natur verschönt,
Die Wüste wie den Tod belebt. Dir gönne
Der Himmel solches Glück. Der Funke, der
Dir heut den Busen wärmt, er lasse dich
Die Dichtkunst lieben noch als Greis. Doch ich –
Schon fühl' ich all den süßen Jugendwahn
Hinschwinden und vor meinem Blick erblassen
Die frohen Bilder, die ich ach, so sehr
Geliebt, an die ich bis zur letzten Stunde
In Sehnsucht und mit Thränen denken muß.
Und wenn nun dieser Busen ganz erstarrt
Und kalt geworden, nicht die heitre Stille,
Die einsam auf den sonnigen Feldern ruht,
Noch der Gesang der morgenfrohen Vögel
Im Frühling, nicht das stille Mondenlicht
Auf Höh'n und Tiefen unterm reinen Himmel
Mein Herz mehr rühren können, wenn mir stumm
Und leblos ward, was Schönes die Natur
Und Kunst mir zeigen, jedes Hochgefühl
Und jede zarte Regung fern und fremd:
Dann will ich, bettelnd um den letzten Trost,
Zu andrem, minder frohem Thun mich wenden,
Des eh'rnen Lebens undankbaren Rest
Nur ihm noch weih'n. Erforschen will ich dann
Die herbe Wahrheit: was die blinden Loose
Der sterblichen und ew'gen Dinge meinen,
Wozu die Menschheit, so mit Qual beladen,
Erschaffen ward; zu welchem letzten Ziel

Natur sie treibt und Schicksal; wen doch nur
All unser Leiden freu'n und fördern mag;
Wohin, nach welcher Ordnung und Gesetz
Dies räthselhafte Weltall kreis't, das höchlich
Die Weisen rühmen, ich nur kalt bestaune.

In solchem Grübeln werd' ich meine Muße
Verbringen. Denn erkannte Wahrheit, ob sie
Auch trostlos sei, hat ihren Reiz. Und sind
Dann meine Worte, Wahrheit kündend, nicht
Der Welt willkommen oder unverständlich,
Mich kränkt es nicht, da längst die alte schöne
Begier nach Ruhm mir wird erloschen sein:
Ruhm – jener Götze, der nicht nur ein Wahn,
Nein, blinder auch als Schicksal ist und Liebe.

XX. Die Auferstehung

(1831)

Vorbei für immer wähnt' ich schon
In meiner Jugend Blüte,
Die einst die Brust durchglühte,
Ach, all die süße Qual;

Die süße Qual, der zärtlichen
Gefühle tiefes Beben,
Was irgend nur das Leben
Uns lieblich macht zumal.

Wie streut' ich meine Klagen da
Und Thränen in die Winde,
Als unter Eisesrinde
Erstorben schien das Leid!

Das Klopfen schwieg, das stürmische,
Der Liebe Glut verglommen,

Das Herz starr und beklommen
Kein Seufzer mehr befreit!

Da weint' ich, daß so freudenlos
Mein Leben schwinden werde,
Daß rings um mich die Erde
Versteint im ew'gem Frost.

Der Tag verödet, öder noch
Der Nächte stummes Dunkel;
Nicht Mond, noch Sterngefunkel
Gab meinen Augen Trost.

Doch jener Thränen Quelle war
Die alte Liebeswunde;
Tief in des Busens Grunde
Fortlebte noch das Herz.

Noch sehnt' es nach den Bildern sich,
Daran sich's einst entzückte.
Der Gram, der mich bedrückte,
War immer noch ein Schmerz.

Doch bald erlöschen fühlt' ich auch
Des Schmerzes letzten Funken,
Die Kraft in mir versunken,
Zu klagen meine Noth.

Da lag ich; fühllos, sinnberaubt,
Nach keinem Trost verlangt' ich;
In tiefer Ohnmacht bangt' ich,
Von Herzen stumm und todt.

War ich denn ach, Derselbe noch,
Der solche Glut vorzeiten,
So trunkne Seligkeiten
Genährt in seiner Brust?

Die Schwalbe, die so frühe schon
Am Fenstersims verborgen
Zujubelte dem Morgen,
Nicht hört' ich sie mit Lust.

Und nicht wie sonst zur Herbsteszeit
Im stillen Landhaus freute
Mich abendlich Geläute,
Der Sonne Niedergang.

Mich grüßt' umsonst der Abendstern
Hoch überm dunklen Hage,
Umsonst mit süßer Klage
Der Nachtigall Gesang.

Und ihr, verstohlne, zärtliche
Glutblicke schöner Augen,
Daraus Verliebte saugen
Den seligsten Gewinn,

Du weiche Hand, der meinen doch
So traulich hingegeben,
Nicht konntet ihr beleben
Den dumpferstorbnen Sinn.

Verarmt an allem Lieblichen,
Trüb war ich, doch gelassen,
Doch frei von Lieb' und Hassen
Und heitern Angesichts.

Wohl hätt' ich gern herbeigesehnt
Des Todes tiefern Frieden,
Doch in der Brust, der müden,
Hofft' und ersehnt' ich Nichts.

Wie eines welken Greisenthums
Armselig nackte Reste

Hab' ich die Zeit der Feste,
Den Lebenslenz verbracht.

So, thöricht Herz, versäumtest du
Unnennbar schöne Stunden,
Wo, nur zu bald entschwunden,
Uns helle Jugend lacht.

Wer weckt mich aus der Ruhe nun,
Die lähmend mich bedrückte?
Welch neue Kraft durchzückte
Auf einmal mich mit Lust?

Ihr Träume, sanfte Regungen,
Herzpochen, trüglich Hoffen,
Steht wirklich euch noch offen
Die lang erstorbne Brust?

Seid ihr's in Wahrheit, einziges
Licht in der Welt Gewühle,
Ihr sehnlichen Gefühle,
Die ich so früh verlor?

Wohin der Blick nun schweifen mag,
Rings in der Fern' und Nähe,
Dringt ein geheimes Wehe,
Ein Wonneglück hervor.

Mit mir aufs Neu' beleben sich
Gestade, Wälder, Höhen;
Ich kann den Quell verstehen,
Es spricht zu mir das Meer.

Wer giebt nach Schmerzvergessenheit
Die Thränen mir zurücke?
Wie scheint die Welt dem Blicke
Verwandelt mehr und mehr!

Hat, armes Herz, die Hoffnung gar
Ein Lächeln dir gespendet?
Ach, ewig abgewendet
Wird ihre Huld dir sein!

Mir gab Natur zum Erbe nur
Den süßen Trug der Jugend;
Die angeborne Tugend
Erlag der langen Pein.

Doch nur betäubt, nicht ausgelöscht
Vom schweren Leidgeschicke,
Sah sie mit festem Blicke
Der Wahrheit ins Gesicht;

Vor deren Blick – ich weiß es ja! –
Die holden Träume schwinden.
Wie wir in Qual uns winden,
Natur erbarmt sich nicht.

Nie unsres *Wohles* eingedenk,
Des *Seins* nur mag sie walten;
Dem Schmerz uns zu erhalten,
Ist einzig sie bemüht.

Ich weiß, es hat bei Menschen auch
Das Mitleid keine Stätte,
Da höhnend um die Wette
Die Welt den Armen flieht;

Weiß, daß die Zeit, die klägliche,
Nichts fragt nach edlen Geistern
Und würd'ger Forschung Meistern
Sogar den Ruhm verwehrt.

Und ihr, ihr himmlisch leuchtenden
Augen voll scheuen Lebens,

Ich weiß, ihr glänzt vergebens,
Von Liebe nie verklärt.

Nie blitzt in euch verstohlenes
Gefühl von Wonne trunken,
Nie glimmt ein holder Funken
In dieses Busens Schnee.

Ach, einzig zum Gespötte nur
Dient euch ein treues Herze;
Mit übermüth'gem Scherze
Belohnt ihr Liebesweh.

Und doch, aufs Neu' ergeb' ich mich
Dem alten Trug mit Willen.
Es staunt das Herz im Stillen,
Wie laut es pocht in mir.

Dir, o mein Herz, verdank' ich ja
Dies letzte Lebensregen,
Der schönen Flamme Segen
Und jeden Trost nur dir.

Ich fühl's, daß diesem adligen,
Reinen Gemüth auf immer
Gebricht des Glückes Schimmer,
Schönheit, Natur und Welt.

Doch wenn du lebst, Unseliges,
Unbeugsam dem Geschicke,
Will ich nicht zeihn der Tücke
Die Macht, die mich erhält.

92

XXI. An Silvia

(1831)

Silvia, gedenkst du noch
An jene Zeit in deinem Erdenleben,
Als dir von Schönheit glänzte
Dein lachend Augenpaar in muntrer Helle
Und du betratst, froh und gedankenvoll,
Des Jungfraunalters Schwelle?

Von früh bis spät erklangen
Die stillen Zimmer und ringsum die Gassen
Von deinem hellen Singen,
Wenn bei der Arbeit eifrig ohne Säumen
Du saßest und in Träumen
Von schöner Zukunft fröhlich war dein Sinn.
Süß duftete der Mai. So pflegtest du
Die Tage zu verbringen.

Dann meinen theuren Büchern
Abtrünnig und den mühevollen Heften,
An die ich früh gewendet
Den besten Theil von meinen Jugendkräften,
Wie manchmal von des Vaterhauses Söller
Lauscht' ich auf deine Stimme unverwandt
Und spähte nach der Hand,
Die flink das Linnen hin und her durchlief.
Wie still die Luft sich kühlte!
Wie golden Weg' und Gärten,
Und hier das ferne Meer und dort die Berge!
Kein Menschenmund spricht aus,
Was ich im Busen fühlte!

Wie liebliche Gedanken,
O meine Silvia, welch ein hoffend Streben!
Wie schien das Menschenleben

Uns damals wundersam!
Bedenk' ich, wie viel Täuschungen verglommen,
Fühl' ich mein Herz beklommen
Von trostlos bittrem Gram,
Und all mein Elend däucht mir schwerer nur.
Warum, warum, Natur,
Hältst du nicht Wort, erfüllest,
Was du versprachst, und trügst die eignen Kinder,
Die du mit Wahn umhüllest?

Du, eh' im Winter noch die Flur erstarrt,
Von tückisch leisem Siechthum hingerafft
Vergingst, du Zärtliche, und schautest nicht
Die Blüte deiner Jahre
Und durftest nicht erst fühlen,
Wie süß das Lob auf deine schwarzen Locken,
Auf deine feurigscheuen Liebesblicke;
Nicht plauderten mit dir von holdem Glücke
Am Festtag die Gespielen.

Auch mir verging – wie bald! –
Mein liebstes Hoffen, meinen Jahren auch
Versagten die Geschicke
Den Jugendglanz. Wie bist du
Entschwebt, gleich einem Hauch,
Holde Gefährtin meiner Knabenzeit,
Hoffnung, du vielbeweinte!
Das also ist die Welt,
Die Freuden, Thaten, Lieb' und bunten Fährden,
Die Jeder fröhlich zu erleben meinte?
Dies das Geschick der Sterblichen auf Erden?
Beim Nah'n der Wahrheit sankst du
Dahin, du Ärmste; und von ferne nur
Wies deine Hand den kalten Tod mir und
Ein Grab auf öder Flur.

94

XXII. Erinnerungen

(1831)

Ihr schönen Siebensterne, nimmer glaubt' ich,
Daß ich euch wieder so begrüßen würde,
Hoch über meines Vaters Garten funkelnd,
Und Zwiesprach mit euch halten aus den Fenstern
Des Hauses, drin ich schon als Kind gewohnt
Und meiner Freuden frühes Ende sah.
Wie viele Bilder einst, wie viele Märchen
Schuf mir im stillen Innern *euer* Anblick
Und eurer leuchtenden Gefährten, damals,
Als wortlos ich auf grüner Scholle sitzend
Die halben Nächte zu verbringen pflegte
Gen Himmel blickend und dem fernen Ruf
Der Frösche lauschend draußen in der Ebne.
Und an den Hecken, auf den Fluren hin
Schweifte der Glühwurm, säuselten im Nachtwind
Die duft'gen Laubengäng' und die Cypressen
Im Walde dort, und aus dem Vaterhaus
Erklangen Wechselreden und der Diener
Gelassnes Treiben. Wie unendliche
Gedanken, wie viel süße Träume hauchte
Das ferne Meer mir zu, die blauen Berge,
Die hier mein Blick erreicht und die ich einst
Zu überschreiten hoffte, neue Welten,
Ein neues Glück verheißend meinem Dasein.
Nicht kannt' ich mein Geschick und wußte nicht,
Wie oft ich dies mein leidvoll ödes Leben
Gern würde tauschen mögen mit dem Tod!

Weissagte doch mein Herz mir nicht, ich sei
Verdammt, die grüne Jugend hinzuzehren
Hier in der wilden Heimath, unter Menschen,
Die roh und niedrig, denen Wissenschaft
Und Weisheit fremde Namen, oft ein Anlaß

Zu Spott und Lachen, die mich fliehn und hassen.
Doch nicht aus Neid, da sie nicht höher mich
Erachten, als sich selbst: nur weil sie meinen,
Ich dünk' es selbst mir insgeheim, obwohl ich
Nach außen mir's vor Niemand merken ließ'.
Hier bring' ich meine Jahre hin, verlassen,
Verborgen, fern von Lieb' und Leben, muß
Im Schwarm Mißwollender zuletzt verhärten,
Mich aller Mild' und Tugenden entwöhnen
Und zum Verächter noch der Menschen werden
Durch diese Horde! Und indeß enteilt
Die theure Jugendzeit, die theurer ist,
Als Ruhm und Lorbeer, theurer als das Licht
Des Tages und des Athems Hauch; so nutzlos,
Ohn' irgend eine Lust verlier' ich dich
An diesem Ort unmenschlich öder Qual,
O du, des dürren Lebens einz'ge Blüte!

Der Wind trägt mir den Klang der Stunde zu
Vom Glockenthurm des Städtchens. Wohl gedenk' ich,
Wie dieser Klang mir Trost war in den Nächten,
Wenn ich als Knab' in meinem dunklen Zimmer,
Umlagert rings von Schrecken, wachend lag
Und nach dem Morgen seufzte. Alles rings,
Was ich nur seh' und höre, bringt ein Bild mir
Zurück und weckt ein süß Erinnern auf,
Süß in sich selbst; doch mischt sich schmerzlich ein
Der Gegenwart Gefühl, vergebne Sehnsucht
Nach alter Zeit und der Gedank': ich *war!* –
Dort der Altan, der nach den letzten Strahlen
Der Sonne blickt, – hier die bemalten Wände,
Die Heerdenbilder und der Sonnenaufgang
Über dem öden Feld: in meiner Muße
Wie freuten sie mich tausendfach, da noch
Mein übermächt'ger Wahn mir schmeichelnd nah war,
Wo ich nur weilte. Diese alten Säle,
Wenn hell der Schnee hereinschien und der Wind
Um ihre weiten Fenster pfeifend schnob,

Erdröhnten vom Gelächter und Gelärm
Des Knaben, zu der Zeit, da noch das herbe,
Arglist'ge Weltgeheimniß uns so süß
Entgegenblickt, da noch der Jüngling, wie
Ein unerfahrner Liebender, sein Leben
Gleich einer ersten Liebe hätscheln mag,
Von selbsterträumter Himmelsschöne trunken.

O all ihr Hoffnungen, du holder Trug
Der Jugendtage! Immer kehrt die Seele
Zu euch zurück. Denn wie die Zeit auch eilt,
Wie sich Gedanken und Gefühle wandeln,
Niemals vergess' ich euch! Trugbilder, weiß ich,
Sind Ruhm und Ehre; Glück und Wonne nur
Ein eitler Wunsch; das unfruchtbare Leben
Ein nutzlos Elend. Dennoch, ob auch leer
All meine Jahre, dunkel und verödet
Mein sterblich Dasein, raubt das Glück – wohl seh' ich
Es ein – mir wenig nur. Doch ach, so oft ich
An euch, ihr Jugendhoffnungen, gedenke,
An das, was einst so hold mir vorgeschwebt,
Und dann mein jammervoll armselig Leben
Erwäg', und daß von so viel schöner Hoffnung
Der Tod allein mir heut noch übrig bleibt:
Krampft sich mein Herz zusammen, und mir ist,
Als gäb' es keinen Trost für solch ein Schicksal.
Und wenn nun dieser oft erflehte Tod
Mir nahetritt und ich am letzten Ziel
All meines Unglücks stehe, wenn die Erde
Ein fremdes Thal mir wird und meinem Blick
Die Zukunft schwindet: euer dann gewiß
Werd' ich gedenken, euer Bild wird mich
Den letzten Seufzer kosten, bitter mahnend,
Daß ich umsonst gelebt, und in die Süße
Des schicksalvollen Tags mir Wermuth träufeln.

O, schon im ersten stürmischen Jugenddrang
Der Freuden, Ängsten und Begierden rief ich

97

Den Tod so manches Mal und konnte lang'
Drauß an der Quelle sitzend drüber brüten,
Ob ich nicht besser thäte, Schmerz und Hoffnung
In ihrer Flut zu stillen. Dann, durch schleichend
Siechthum gerissen an den Rand des Grabes,
Weint' ich um meine schöne Jugend, um
Der armen Tage Flor, der schon so früh
Hinwelkt'; und manchen Abend, wenn ich traurig
Auf meinem Bette, dem vertrauten, saß
Und bei dem trüben Lämpchen dichtete,
Klagt' ich im Einklang mit der nächt'gen Stille
Um meinen flücht'gen Geist und sang mir selbst,
Als schwänd' ich scheidend hin, das Todtenlied! –

Wer kann an euch gedenken ohne Seufzen,
O erster Jugendaufgang, o ihr schönen,
Ihr unaussprechlich holden Tage, wenn
Dem sel'gen Sterblichen ein Mädchenlächeln
Zuerst entgegenglänzt! Rings in die Wette
Lacht ihn das Alles an; es schweigt der Neid,
Noch schlummernd, oder schonend; und die Welt –
O seltnes Wunder! – scheint dem Unerfahrnen
Die Hand zu seiner Hülfe darzubieten,
Entschuldigt sein Verirren, feiert Feste
Dem neuen Lebensantritt und empfängt ihn
Und schmeichelt täuschend ihm als ihrem Herrn.
Die flücht'gen Tage! Wie ein Wetterleuchten
Sind sie verweht. Und welcher Sterbliche
Weiß noch vom Unglück nichts, dem schon die holde
Jahrszeit entschwunden, seine *gute* Zeit,
Dem schon die Jugend, ach, die Jugend auslosch!

    Und du, Nerina! Reden mir nicht auch
Von dir all diese Stätten? Wie? *Du* wärst
Mir aus dem Sinn geschwunden? Wohin gingst du,
Daß ich hier einzig nur dein Angedenken
Noch finde, Süßeste? Ach, deine Heimath
Erblickt dich nimmer; jene Fenster dort,

Wo du mit mir geplaudert, drinnen jetzt
Sich nur so trüb der Strahl der Sterne spiegelt,
Ist leer. Wo bist du, daß ich deine Stimme
Nicht tönen höre, wie in jener Zeit,
Wo jeder ferne Laut von deinen Lippen,
Der zu mir drang, das Blut mir aus der Wange
Zum Herzen trieb? Vorbei! Vergangen ist
Dein Dasein, süßes Lieb; vergangen bist du.
Nun kommt's an Andre, durch die Welt zu wandeln
Und diese duft'gen Hügel zu bewohnen.
O, rasch vergingst du, und dein Leben war
Nur wie ein Traum! Als du dort tanztest, glänzte
Die Lust dir an der Stirn, glänzt' in den Augen
Die ahnungsvolle Zuversicht, das Licht
Der Jugend, – da verlöscht' es das Geschick,
Und stille lagst du. Ach, Nerina, immer
Herrscht noch in mir die alte Liebe. Oft
Bei Festen, in Gesellschaft sprech' ich heimlich
Zu mir: O nicht zu Tanz und Festen mehr,
Nerina, schmückst du und gesellst du dich! –
Und wenn der Mai kommt, grüne Zweig' und Lieder
Verliebte Knaben ihren Mädchen bringen,
Sag' ich: Nerina, nimmer kehrt für dich
Der Frühling wieder, nie die Liebe wieder!
An jedem heitern Tag, bei jeder Flur
Voll Blumen, jeder Freude, die ich fühle,
Sag' ich mir: Ach, Nerina freut sich nimmer,
Sieht Erd' und Himmel nicht! – Du gingst dahin,
Mein ew'ger Seufzer, gingst dahin! und mir
Bleibt treu gesellt bei allen lieblichen
Gefühlen, allem Süßen, Trüben, Theuren,
Was mich bewegt, ein herbes Angedenken!

99

XXIII. Nachtgesang eines wandernden Hirten in

Asien

(1831)

Was machst du, Mond, am Himmel? Sag, was machst du,
Du ewig stiller Mond?
Am Abend erst erwachst du
Und wanderst durch die Öde, und dann ruhst du.
Bist du's nicht satt, von Neuen
Die immergleichen Pfade hinzugehen?
Entleidet dir's noch nicht, kann dich noch freuen,
Die Thäler hier zu sehen?
Wie ähnlich doch dem deinen
Ist eines Hirten Leben!
Früh muß er sich erheben,
Die Heerde treiben übers Feld und sieht
Heerden und Au'n und Quellen;
Dann ruht er müde bei des Abends Schimmer,
Und Andres hofft er nimmer.
Sag mir, o Mond: uns Andern
Was frommt uns dieses Leben
Und euer Leben euch? Sag, wohin zielt
Mein kurzes Schweifen hier
Und dein unsterblich Wandern?

Ein Greis, grau und gebrechlich,
Nur halb bekleidet, barfuß,
Den Rücken unter schwerer Last gebeugt,
Der über Berge keucht,
Durch Klüft' und Klippen, tiefen Sand und Hecken,
Im Sturm, im Ungewitter, wenn die Luft
Glüht oder eisig glastet, –
Er läuft und läuft und hastet,
Setzt über Ström' und Sümpfe,
Fällt hin, steht wieder auf, eilt mehr und mehr,

Zerfetzt, blutrünstig, bis er endlich anlangt,
Wohin der Weg und dessen
Vielfache Mühsal einzig hingelenkt,
Zum unermessnen Abgrund,
Und stürzt hinab, zu ewigem Vergessen.
O keuscher Mond, dies eben
Ist unser Menschenleben.

Schwer tritt ein Mensch ans Licht,
Und tödlich oft ist das Geborenwerden.
Von Leiden und Beschwerden
Wird er empfangen. Gleich zu Anbeginne
Mühn sich die Eltern beide,
Das Kind zu trösten, daß es nun soll leben,
Und wächs't es dann, so pflegen
Und hegen sie's und suchen, wie sie können,
Es leichter ihm zu machen,
Das Unglück, daß dem Leide
Der Mensch verfallen ist trotz seinem Streben.
Nichts Bessres weiß zu geben
Der Eltern Lieb' und Treu' uns Armen, Schwachen.
Allein warum entfachen
Den ersten Lebensfunken,
Wenn Trostes wir bedürfen, daß wir leben?
Warum, wenn Leben Pein,
Verdammt man uns zum Sein?
O reiner Mond, das eben
Ist unser Menschenleben.
Du aber bist nicht sterblich
Und wirst kaum Acht auf meine Klage geben.

Doch du, einsame, ew'ge Wandlerin,
Gedankenvolle, du vielleicht verstehst,
Was dieses Erdenleben,
Dies unser Leiden soll und unser Bangen,
Was unser Tod bedeute, dieses letzte
Erblassen unsrer Wangen,
Dies von der Erde Schwinden und Entschweben

Aus jedem Kreise, der uns traut umfangen.
Du sicherlich verstehst
All das Warum der Dinge, was der Morgen
Für Frucht bringt und der Tag
Und dieser stumm endlose Lauf der Zeit;
Du weißt, du sicher, welchem holden Lieb
Der Lenz zulächeln mag,
Wem gilt des Sommers Glut, und was bezwecken
Des Winters eis'ge Schrecken;
Du weißt ja tausend Dinge, deren Kunde
Dem schlichten Hirten tief verborgen blieb.
Oft wenn ich dich betrachte,
Wie stumm du dastehst überm öden Plan,
Deß ferner Umkreis an den Himmel grenzt,
Oder wie du mir folgst,
Wenn ich die Heerde treibe sacht voran
Und seh' die Stern' erglänzen dicht und dichter,
Frag' ich mich in Gedanken:
Wozu so viele Lichter?
Was soll das weite Luftmeer, jener tiefe
Endlose Äther? Was bedeutet diese
Gewalt'ge Einsamkeit? Und ich, was bin ich?
So grübl' ich bei mir selbst; und für dies Haus,
So grenzenlos und herrlich,
Für seine zahllos wimmelnden Bewohner,
Dann für so vieles Mühn, so vieles Regen
Der Wesen all', die Erd' und Himmel faßt,
Umkreisend ohne Rast,
Um doch zum Ausgang stets zurückzukehren,
Vermag ich weder Grund
Noch Zweck zu ahnen. Aber dir gewiß,
Göttliche Jungfrau, ist dies Alles kund.
Mir ist nur das bewußt,
Daß von dem ew'gen Kreisen
Und meinem schwachen Sein
Vielleicht ein Andrer Lust
Und Vortheil hat; mir ist das Leben Pein.

102

O meine Heerde dort, wie bist du glücklich,
Weil du dein Elend schwerlich wohl verstehst.
Wie muß ich dich beneiden,
Nicht bloß, weil von Beschwerden
Beinah befreit du gehst
Und aller Mühn und Fährden
Und jeder höchsten Angst so bald vergissest,
Nein, mehr noch, weil dich Langweil nie befällt.
Wenn du im Schatten lagerst, auf der Wiese,
Still und zufrieden bist du
Und bringst in solcher Art
Den langen Sommer ungelangweilt hin.
Und ich auch sitz' im Schatten hier im Feld,
Doch Überdruß befällt
Mein Herz, und stachelnd wühlt in mir ein Weh,
Daß ich, hier ruhend, ferner bin als je
Von Ruh' und Rast und Frieden.
Und dennoch wünsch' ich Nichts
Und hatte nie zum Weinen Grund bis heut.
Was *dich* ergötzt und freut,
Ich weiß es nicht; doch hast du dein Behagen.
Mir ist nicht Viel beschieden
An Glück; doch darum klag' ich nicht allein.
Nur, wenn du sprechen könntst, möcht' ich dich fragen,
Warum, o liebe Heerde,
In Muße jedes Thier
Sich fröhlich mag begnügen,
Und mir's zur Last wird, hier so still zu liegen?

Vielleicht, wenn ich mit Flügeln
Mich über Wolken schwingen
Und einzeln all die Sterne könnte zählen,
Oder dem Donner gleich auf Bergen schweifen,
Wär' ich beglückter, meine traute Heerde,
Wär' ich beglückter, heller Mond dort oben.
Doch irrt vielleicht der Sinn,
Der neidisch blickt nach andern Loosen hin. 104
Vielleicht in Wieg' und Hürde,

Und ob man niedrig sei, ob hoch erhoben,
Ist Allen *gleich* das Leben eine Bürde.

XXIV. Die Ruhe nach dem Gewitter

(1831)

Das Wetter ist vergangen.
Die muntern Vögel fangen an zu singen,
Die Henne wagt mit Gackern
Sich auf die Straße wieder. Sieh, wie plötzlich
Im West am Berg der Himmel sich erhellt.
Nun lichtet sich das Feld,
Und aus dem Thale glänzt der Fluß herauf.
Ein jedes Herz wird froh; allüberall
Beginnt die Arbeit wieder
Und regt sich rüst'ger Schall.
Der Handwerksmann, sein Werkzeug in der Hand,
Tritt singend, nach dem feuchten Blau zu spähen,
Vor seines Hauses Schwelle;
Das Weiblein kommt heraus, in ihr Gefäß
Die Regenflut zu fassen.
Lautrufend durch die Gassen
Zieht mit Gemüsen wieder
Der Händler auf und nieder.
O sieh, da kommt die Sonne; wie verklärt
Sie Höh'n und Villen. Die Bewohner öffnen
Terrassen und Balcone. Horch, wie dort
Vom Fahrweg Schellenläuten aus der Ferne
Herübertönt. Des Reisenden Gefährt
Knarrt durch den Sand und setzt die Reise fort.

Aufathmet jede Brust.
105 Wann ist das Leben so
Wie jetzt uns süß und froh?
Wann mag mit solcher Lust
Man auf sein Tagwerk sinnen,

Das alte fördern, neues Thun beginnen?
Wann sind wir minder unsrer Noth gedenk?
O Lust, du Kind des Schmerzes!
O eitle Freude, Frucht nur
Vergangner Angst, die unser Herz durchbebt,
Daß vor dem Tod wir bangen,
Wie bitter auch das Leben,
Daß stumm die armen Thoren,
Mit todesbleichen Wangen
Voll Angstschweiß, in des Himmels
Gewitterstürme blicken,
Die wider sie verschworen!

O gütige Natur,
Das sind die hohen Freuden,
Die Gaben, die du liebreich
Den Menschen gönnst! Ihm soll es Wonne sein,
Wenn von ihm weicht das Leiden.
Freigebig theilst du Qualen aus. Der Schmerz
Entspringt von selber, und die karge Lust,
Die als ein mächtig Wunder hin und wieder
Dem Weh entblüht, ist schon ein Glück gewesen.
So lieb sind wir den Ew'gen! Glücks genug
Ein freier Athemzug
Nach langem Schmerz, und selig,
Wenn wir im Tod von allem Schmerz genesen.

106

XXV. Der Sonnabend auf dem Dorfe

(1831)

Die junge Dirne kehrt, sobald die Sonne
Sich neigt, vom Feld nach Haus,
Ihr Bündel Gras zu Häupten, in der Hand
Von Rosen und Violen einen Strauß,
Und freut sich schon, daraus
Morgen am Sonntag wieder
Den Schmuck für Haar und Mieder zu gewinnen.
Mit ihren Nachbarinnen
Sitzt vor der Thür das Mütterchen und spinnt
Und schaut gen Abend, wo der Tag verglüht,
Und plaudert von den eignen jungen Tagen,
Wo sie am Feiertag sich auch geputzt hat
Und schlank noch und geschwind
Am Abend dann zu tanzen pflag mit Denen,
Die ihrer schönsten Zeit Gefährten waren.
Schon aus der Höhe sinkt
Tiefblaue Dämmrung, und die Schatten fallen
Von Dächern und von Hügeln,
Da silbern jetzt der neue Mond erblinkt.
Und nun beginnt die Glocke
Den Festtag einzuläuten,
Und bei dem Klange zieht es
Wie Trost in alle Seelen.
Die Knaben, die in Haufen
Dort auf dem Platze jauchzen
Und hier- und dorthin laufen,
Wie lachen sie und lärmen!
Indessen kehrt zu seinem dürft'gen Tisch
Der Pflüger pfeifend heim
Und denkt bei sich an seinen Ruhetag.

Dann, wenn erloschen jedes Licht ringsum
Und alles Andre stumm,

Hörst du den Hammer klopfen, hörst die Säge
Des Zimmermanns, der wacht
In der verschloßnen Werkstatt und beim Lämpchen
Sich sputet, daß die Arbeit
Noch fertig werde, eh' der Tag sich röthet.

Dies ist der liebste von den sieben Tagen,
Voll Hoffnung, voller Wonne.
Es bringt die neue Sonne
Trübsinn und Langweil; Jeder denkt im Stillen,
Daß wieder sich erneu'n die alten Plagen.

Du muntrer Knabe, dies
Dein Blütenalter gleicht
Solch einem heitren Tag, so klar und froh,
Und wenn er dann entfloh,
Hast deines Lebens Sonntag du erreicht.

Genieß ihn, Kind; gar süß ist diese Zeit,
Und Jeder lebt sie gerne.
Mehr will ich dir nicht sagen. Doch daß ferne
Dir noch dein Sonntag, sei es dir nicht leid!

XXVI. Der herrschende Gedanke

(1836)

Du holdester von allen
Gewaltherrn, der mein Herz lenkt nach Gefallen,
Furchtbar Geschenk des Himmels,
Und doch mir ewig theuer,
Mein treuster Freund im Leide,
Gedanke, dran ich für und für mich weide:

Wer spricht von deines Wesens
Geheimniß nicht? Wer ward nicht schon bezwungen
Von deiner Macht? Doch immer,

So oft von Menschenzungen
Erklingt des eignen Fühlens Lust und Qual,
Scheint neu das Wort, als kläng's zum ersten Mal.

Wie ist doch meine Seele
Vereinsamt seit den Tagen,
Wo du darin die Wohnung aufgeschlagen!
Mit Blitzesschnelle fühlt' ich mir im Nu
Entschwinden die Gedanken,
Die andern allzumal. In ödem Felde
Ein Thurm, so ragtest du
Gigantisch einsam in des Busens Schranken.

Was galt hinfort mir, außer dir allein,
Dies ganze arme Leben,
Was aller irdische Tand in meinen Augen?
Welch schales Zeitvergeuden
Schien all dies Thun und Treiben!
Ach, nur um eitle Lust ein eitles Mühen,
Verglichen mit den Freuden,
Den himmlischen, die mir durch dich erblühen.

Wie von des Apennin
Unwirthlich nackten Wänden
Zur grünen Flur, die fern herüberlacht,
In Sehnsucht sich des Wandrers Blicke wenden,
So von dem unfruchtbaren
Und rauhen Weltverkehr – wie streb' ich gerne,
Als in ein Paradies, zu dir zurücke,
Daß deine Nähe jeden Sinn erquicke!

Ich kann es kaum verstehen,
109 Wie ich so lang dies Leben, diese Welt
Voll Unverstand und Plagen
Hab' ohne dich ertragen;
Begreifen kann ich's kaum,
Wie sich an andern Freuden,
Als du gewährst, sich Andre mögen weiden.

Nie bis zu jener Zeit,
Wo ich zuerst, was Leben heißt, erfahren,
Hat Todesfurcht die Seele mir bewegt.
Heut dünkt mich nur ein Spiel,
Was Thoren Angst erregt,
Ob sie es preisen auch mit Heuchelmunde:
Das Muß der letzten Stunde,
Und zeigt Gefahr sich, kann ich ohne Grauen
Mit Lächeln in ihr dräuend Antlitz schauen.
Verachtet hab' ich immer
Die feigen, ungroßmüth'gen,
Verworfnen Seelen; jetzt empört sofort
Mich jede schnöde That,
Und menschliche Gemeinheit
Reißt mein Gemüth alsbald zum Grimme fort.
Die Hoffahrt dieser Zeit,
Die sich mit leerem Hoffnungswahne nährt,
Zu schwatzen liebt und keine Tugend ehrt,
Nur Heil im Nutzen findet
Und thöricht nicht erkennt,
Wie nutzlos dann das ganze Leben schwindet,
Liegt *unter* mir. Des Urtheils
Der Menschen spott' ich, und die bunte Menge,
Die Hohes nicht genießen
Und dich verschmähen kann, tret' ich mit Füßen.

Wo ist die Leidenschaft,
Die sich nicht beugt der deinen?
Ja, welche sonst noch waltet
Und herrscht auf Erden außer jener einen?
Habsucht und Hoffahrt, Ehr- und Machtbegier
Und Zorn und Haß – mit ihr
Verglichen sind sie mehr nicht
Als dumpfe Triebe nur. Zur *Leidenschaft*
Wirst du allein; als Herrn,
Der unumschränkt gebiete,
Gab dich Natur dem menschlichen Gemüthe.

Ganz ohne Werth und Sinn wär' unser Leben,
Wenn *du* nicht wärest, unser Ein' und Alles,
Der einzig noch das Schicksal
Entschuldigt, daß es Menschen
Zur eitlen Noth verdammt des Erdenballes.
Um dich nur wird zuweilen
Die Lust zum Leben theilen mit den Thoren
Ein Mensch auch, der zur Freiheit ward geboren.

Wohl werth sind's deine Wonnen, süßester
Gedanke, froh ergeben
Dies leidenvolle Leben
Auf sich zu nehmen viele Jahre lang,
Und wohl zum andern Male,
So bitter auch ich die Erfahrung büßte,
Würd' ich die Bahn betreten wohlgemuth;
Denn trotz des Sandmeers und der Natternbrut
Schleppt' ich mich nie so müde
Durch dieses Lebens Wüste
Zu dir, daß nicht dies unser Leidgeschick
Mir reich vergütet schien durch solch ein Glück.

Welch eine Welt, welch neue
Unendlichkeit, o welch ein Paradies
Erschließt mir oft dein allgewalt'ger Zauber
In hohem Flug! Mir däucht
Zu wandeln unter einer neuen Sonne,
Wo all mein irdisch Fühlen,
Und was ich Wahrheit nannte, von mir weicht.
So müssen Götter träumen,
Sag' ich mir dann. Ach, bist du doch fürwahr,
Holder Gedank', ein Traum, der oft uns mild
Verschönt der Wahrheit Bild,
Ein offenbarer Wahn; und doch vor allen
Holdsel'gen Wahngebilden
Bist göttlich du, von solcher Lebensmacht,
Daß du bestehst, wenn alle Masken fallen,

Oft wesenhaft erscheinest
Und erst entschwindest in des Todes Nacht.

Gewiß, du mein Gedanke, der du einzig
Beseelst mein armes Leben,
Geliebter Urquell unermessner Leiden,
Erst mit dem letzten Hauch weichst du von hinnen.
An sichern Zeichen fühl' ich es tiefinnen,
Du bist zum Herrn für immer mir gegeben.
Andre geträumte Freuden
Hat oft der Wahrheit Blick
Entwerthet. Doch je öfter jene Eine
Sich zeigt den wachen Sinnen,
Von der mit dir zu plaudern Leben heißt,
Je höher wächs't das Glück,
Wächs't jener Wahnsinn, der mein Sein beseelt.
O engelgleiche Schönheit!
Ein jedes Antlitz, wie auch auserwählt,
Scheint mir ein Trugbild nur,
Das deine nachzuäffen. Du allein
Scheinst aller Anmuth Quelle,
Als ob sich wahrer Reiz nur dir geselle.

Seit ich zuerst dich schaute,
Warst du nicht jeder meiner ernsten Sorgen
Inhalt und Ziel? Wo war nur eine Stunde,
Da ich nicht dein gedacht? Im nächt'gen Schlummer
Wann trat dein stolzes Bild
Nicht vor mich hin? Du engelgleiches Antlitz,
So schön, wie wir's nur träumen,
Wohin in Erdenräumen,
Wohin im Weltall mag den Blick ich lenken,
Was mag ein Gott mir schenken,
Das wie ein Blick von dir die Seele stillt?
Was kann noch süßer sein als dein gedenken?

112

XXVII. Liebe und Tod

(1836)

Ὄν ϑοί εοὶ φιλοῦσιν, ἀποϑνήσκει νέος.
Der den die Götter lieben, scheidet jung dahin.

Menandros.

Als Zwillinge des Schicksals Schooß entsprossen,
Sind Lieb' und Tod Genossen.
Nichts Schönres ward hinieden
Der Erde, nichts der Sternenwelt beschieden.
Von Jener stammt die höchste,
Die seligste der Freuden,
Die je uns blühen mag im Meer des Seins,
Und von den schwersten Leiden
Kann ihr Genoß erlösen.
Das wundersame Wesen,
Holdselig anzuschauen,
Nicht wie's der Feigling pflegt sich vorzustellen,
Will gern der jungen Liebe
Sich oftmals zugesellen.
Vereint durchziehn sie dann des Lebens Auen
Und sind des Weisen Trost in aller Trübe.
Je mehr voll Liebesglut,
Je weiser ist ein Herz, je stolzer achtet's
Gering des Lebens Wehe.
Kein Machtgebot, o Liebe,
Befeuert so wie deins zu jedem Wagniß.
Entflammt ja deine Nähe
Ein jedes Herz mit Muth,
Belebt den sinkenden und pflegt zu Thaten,
Nicht nur zu müß'gem Brüten, wie sie pflegen,
Die Geister zu erregen.

Wenn in der Jugend Blüte
Sich regt in Herzenstiefen

Ein zärtliches Verlangen,
Erwacht zugleich mit ihm ein müdes Bangen,
Ein schmachtend Todessehnen im Gemüthe,
Nicht weiß ich, wie; doch Allen,
Die war und heiß geliebt, ist's so ergangen.
Dann wohl mit Grau'n betrachtet
Der Mensch die Öde rings, und diese Erde
Dünkt unbewohnbar ihm, wenn seinem Herzen
Der eine Wunsch versagt wird,
Die neue, grenzenlose
Glückseligkeit, wonach die Seele trachtet.
Und ahnt er gar den Sturm, der seine Brust
Erschüttern wird um sie: ersehnt er Ruhe
Und möcht' im Hafen landen,
Dem Aufruhr zu entrinnen
Der Leidenschaft, die ihm die Welt umnachtet.

   Wenn Alles dann ringsum
Die wilde Macht verschlungen
Und Gram wie Wetterstrahl im Busen wüthet,
Wie innig tausendmal
Wirst du herangefleht,
O Tod, vom Liebenden in seiner Qual,
Wie oft im Abendstrahl,
Wie oft, wenn früh er sinkt aufs Lager nieder,
Preis't er als höchstes Glück, wär's ihm vergönnt,
Nie mehr die matten Glieder
Zu heben, nie die Sonne mehr zu sehen;
Und hört er mit des Todtenglöckleins Klange
Gesang herüberwehen,
Ein Grabgeleit zu ewigem Vergessen,
Wie innig dann erseufzend
Aus tiefster Brust, beneidet
Er Den, der bei den Schatten Wohnung fand!
Ja, selbst die rohe Menge,
Der Bauer, der den Segen,
Der von der Bildung ausströmt, nie gekannt,
Das Mädchen, dem das Haar zu Berge stand

114

Vor Schaudern, hört’ es sagen
Vom Tod: sie alle wagen
Mit festem Muth auf Grab und Sterbekleid,
Wenn Liebesgram sie nagt, den Blick zu lenken,
Gelassen zu bedenken,
Ob Dolch, ob Gift sie wählen,
Und ihre schlichten Seelen
Verstehen ganz des Todes Lieblichkeit.
So locken uns zum Tod
Der Liebe strenge Noth und Machtbefehle.
Oft auch, wenn so sich mehrt die innre Qual,
Daß ird’sche Kraft nicht länger kann genügen,
Sehn wir den Leib erliegen
Dem wilden Sturm, und schwesterlich gesellt
Hilft Liebe dann der Macht des Todes siegen.
Dann wieder spornt sie dergestalt die Herzen,
Daß selbst der schlichte Landmann freientschlossen,
Die Jungfrau selbst ihr Leben
Mit eigner Hand gefährden,
Die jungen Glieder in die Grube betten.
Die Welt lacht ihrer Schmerzen;
Ihr sei’s beschieden, friedlich alt zu werden.

Der glücklichen Gemeinde
Begeistert glüh’nder Seelen
Mag Einen doch von euch das Schicksal gönnen,
Geliebte Herrn und Freunde
Der armen Menschheit, denen
Sich keine Macht kann ebenbürtig wähnen
Im unermessnen All und mächt’ger nur
Das Fatum, waltend über der Natur.
Du aber, den schon seit den Jugendtagen
Ich huld’gend angerufen,
O holder Tod, du einz’ger
Erbarmer in der Erde Noth und Plagen,
Wenn ich dich je gepriesen
Und trotz der Schmach, die Thoren undankbar
Dir anthun, immerdar

Dir Ehrfurcht fromm erwiesen,
Laß nicht mein Flehn vergebens,
Das seltne zu dir dringen,
Und dies mein Augenpaar
Hüll ein in ew'ge Nacht, du Fürst des Lebens.
Mich wirst du stets, zu welcher Zeit und Stunde
Du mir erlösend nahst auf dunklen Schwingen,
Aufrechten Hauptes sehen
Dem Schicksal widerstehen,
Und färbt es seine Hand, die Wund' um Wunde
Mir schlägt, mit meinem Blut,
Nie werd' ich's darum preisen
Und segnen, wie, befangen
In altem Sklavensinn, die Menschheit thut.
Nein, jeder Hoffnung trügerischen Schein,
Mit dem die Welt so kindisch
Sich zu getrösten glaubt,
Will ich verschmähn und nie auf Hülfe bauen,
Als nur vor dir allein.
So will ich heiter nun
Den Tag erharren, wo mein schlummernd Haupt
Darf dir am Busen ruhn.

XXVIII. An mich selbst

(1836)

Nun wirst du ruhn für immer,
Mein müdes Herz. Es schwand der letzte Wahn,
Der ewig schien. Er schwand. Ich fühl' es tief:
Die Hoffnung nicht allein
Auf holde Täuschung, auch der *Wunsch* entschlief.
So ruh für immer. Lange
Genug hast du geklopft. Nichts hier verdient
Dein reges Schlagen, keines Seufzers ist
Die Erde werth. Nur Schmerz und Langweil bietet
Das Leben, Andres nicht. Die Welt ist Koth.

Ergieb dich denn! Verzweifle
Zum letzten Mal! Uns Menschen hat das Schicksal
Nur Eins geschenkt: den Tod. Verachte denn
Dich, die Natur, die schnöde
Macht, die verborgen herrscht zu unsrer Qual,
117 Und dieses Alls unendlich nicht'ge Öde!

XXIX. Aspasia

(1836)

Zuweilen kehrt vor meinen Geist zurück
Dein Bild, Aspasia. Mag es flüchtig mir
Vorüberblitzen im Gewühl der Stadt
Aus andern Zügen; mag im öden Feld
Am heitern Tag, im Glanz der stummen Sterne,
Gleichsam erweckt von sanfter Harmonie,
Mir in der Seele, die noch leicht erschrickt,
Dies stolze Traumbild plötzlich auferstehn.
Wie angebetet einst, ihr Götter, wie
Mir Wonn' und Fluch zugleich! Und nie umwehen
Die Düfte mich von blumenreicher Flur,
Noch aus den Gärten in der Städte Mitten,
Daß ich des Tags nicht denke, wo ich dich
In deinen lieblichen Gemächern fand,
Durchduftet alle von den frischen Blüten
Des Frühlings, wo gekleidet in die Farbe
Des dunklen Veilchens deine himmlische
Gestalt erschien, nachlässig hingeschmiegt
Auf glänzende Polster, von geheimer Wollust
Rings überhaucht; indeß du, ausgelernte
Verführerin, inbrünstig glüh'nde Küsse
Auf deiner Kinder sanftgeschwellte Mündchen
Laut schallend drücktest, deinen schneeigen Nacken
Vorbiegend und die arglos junge Brut
An den verhüllten, ach, erschnten Busen
Zogst mit der wunderschönen Hand. Da schienen

Mir Erd' und Himmel neu, und fast ein Strahl
Der Gottheit glänzt' in mir. Da traf, beschwingt
Von deiner Hand, die Brust, die wohlbewehrt schien,
Mit Macht der Pfeil, den unentreißbar fest
Ich stöhnend trug, bis sich zum zweiten Mal
Im Lauf der Sonne jährte jener Tag.

Ein Strahl der Gottheit selbst erschien mir damals,
Weib, deine Schöne. Gleiche Zaubermacht
Übt Schönheit, wie Musik, die uns so oft
Von unbekannten Paradiesen hehres
Geheimniß zu enthüllen scheint. Dann hätschelt
Der tiefgetroffne Sterbliche das Kind
Der eignen Seele, das geliebte Urbild,
Den Inbegriff der ew'gen Himmelswonne,
Ganz an Gesicht, Geberde, Stimm' und Rede
Dem irdischen Weibe gleich, das zu ersehnen
In seinem Taumel wähnt der Liebende.
Und doch nicht dieses, jenes nur, das Urbild
Liebt und ersehnt er selbst im Rausch der Sinne.
Doch endlich wird er inne seines Wahns
Und der Verwechslung, zürnt dann und beschuldigt
Gar ungerecht das Weib. Es schwingt zur Höhe
Des Ideals sich selten nur ihr Geist,
Und was hochsinnig Liebenden sie einflößt
Durch ihren eignen Reiz, ahnt und versteht
Sie selber nicht. Nicht fasst so herrliche
Gedanken diese enge Stirn; und thöricht
Hofft – oder fordert gar – vom hellen Funkeln
Verführerischer Augen der Betrogne
Den tiefen, unergründlichen und mehr
Als männlich reifen Geist von Denen, die
Dem Mann in Allem nachstehn. Ihnen ward
Mit zartern, weichern Gliedern auch ein Geist
Von mindrer Fähigkeit und mindrer Kraft.

Auch du, Aspasia, was du selber einst
Mir in die Seele flößtest, nimmermehr

94

119   Hast du es ahnen können, nie erfuhrst du,
Wie grenzenlose Glut, wie tiefe Qual,
Wie unaussprechlich wilden Sturm und Wahnsinn
Du in mir aufgewühlt; und niemals kommt
Der Tag, wo du's begreifst. So weiß auch nicht
Wer die Gewalt der Töne fluten läßt,
Was er mit Stimm' und Hand heraufbeschwört
In seinem Hörer. *Die* Aspasia, die ich
So heiß geliebt, ist todt. Es schläft für immer,
Was einst Ziel meines Lebens war. Nur manchmal,
Nur wie ein theurer Schatten pflegt sie noch
Zu kommen und zu schwinden. Doch *du* lebst,
Nicht bloß noch immer schön, *so* schön sogar,
Daß, däucht mir, alle Frau'n du überstrahlst.
Doch jene Glut, die du geweckt, erlosch;
Denn nicht dich selber: jene Göttin lieb' ich,
Der diese Brust einst Tempel war, nun Grab.
Für Jene glüht' ich lang, so ganz beseligt
Von ihrem Himmelsreiz, daß ich, obwohl
Von allem Anfang was du warst und bist
Durchschauend, deine Künst' und Listen alle,
Doch *ihren* holden Blick *in deinem* suchte
Und, weil *sie* lebte, *dir* begierig folgte,
Nicht mehr betrogen, nur noch von dem Reiz
Der zauberischen Ähnlichkeit verlockt,
Die lange, herbe Knechtschaft zu ertragen.

    Nun rühme dich; du kannst es! Nun erzähle,
Daß dir allein von deinen Schwestern ich
Den stolzen Nacken bog, freiwillig antrug
Dies unbezähmte Herz. Erzähle nun,
Daß du die Erst' – und sicherlich die Letzte –
Mein Auge flehen sahst und dir genüber
Mich scheu und zitternd (da ich's sage, glüh' ich

120   In Grimm und Scham), mich meiner selbst beraubt,
Wunsch, Wort und Wink von dir in schrankenloser
Ergebenheit erspähn, bei deinen stolzen
Launen erblassen, beim geringsten Zeichen

Der Huld erglühn, bei jedem deiner Blicke
Haltung und Farbe wechseln. Die Bezaubrung
Ist hin, mit ihr zerfiel in Trümmer auch
Das schnöde Joch, und ich frohlocke. Mögen
Die Tage leer sein: dennoch, nach der Knechtschaft
Und langem Wahn – wie froh umarm' ich jetzt
Vernunft und Freiheit! Gleicht auch dieses Leben,
Von Leidenschaft und holdem Irrthum frei,
Der sternenlosen Nacht in Wintersmitte:
Doch gnügt es mir als Trost und Rache für
Mein herbes Menschenloos, daß hier im Grase
Ich müßig, unbeweglich hingestreckt,
Luft, Erd' und Meer betrachten kann und lächeln.

XXX. Auf ein antikes Grab-Basrelief, eine todte Jungfrau darstellend, die im Begriff ist von den Ihrigen Abschied zu nehmen

(1836)

Wo eilst du hin? Wer ruft dich
Hinweg von deinen Lieben,
Du holde Mädchenblume?
Willst du allein dein väterliches Haus
So früh verlassen? Kehrst zu dieser Schwelle
Du je zurück und wird ein Wiedersehen
Erfreun, die heut in Thränen dich umstehen?

Dein Aug' ist trocken, muthig die Geberde,
Und dennoch bist du traurig. Ob willkommen,
Ob unerwünscht die Reise dir erschiene,
Ob dir das Ziel mißfällt –
Aus deiner ernsten Miene
Verräth sich's kaum. Ach, zweifelnd und beklommen
Schwankt mir das Herz, und wohl in aller Welt

121

Weiß Niemand, ob sich gnädig dir der Himmel,
Ob grausam wollt' erweisen,
Ob man dich soll beklagen oder preisen.

Dich ruft der Tod; schon bei des Tags Beginn
Die letzte Stunde! Zum verlassnen Neste
Kehrst du nicht mehr. Für immer
Musst du die theuren Eltern
Verlassen. Unterirdisch
Ist deiner Reise Ziel;
Dort wirst du nun verweilen fürderhin.
Ein Glück vielleicht! Und doch, wer still bei sich
Dein irdisch Loos betrachtet, seufzt um dich.

Niemals das Licht zu schauen
War wohl das Beste. Doch einmal geboren,
Da Schönheit erst sich königlich entfaltet
In Wuchs und Angesicht
Und schon die Welt von ferne
Beginnt sich ihrer jungen Macht zu beugen,
Beim Aufblühn jeder Hoffnung, da noch nicht
Mit düstrer Blitze flammender Gewalt
Wahrheit die freudenhelle Stirn getroffen,
Gleich einem Rauche, der im Tageslicht
Ein windbewegtes Wölkchen aufwärts wallt,
So, gleich wie nie entstanden, zu verschweben
Und künft'ge Lebensfülle
Zu tauschen mit des Grabes dunkler Stille,
Das ist's – mag es dem Geist
Auch eine Wohlthat scheinen –,
122   Was auch dem Muthigsten das Herz zerreißt.

Mutter, von deinen Kindern
Gefürchtet, die du früh schon weinen lehrst,
Natur du grause, die du nur gebärst
Und nährst, um deine eigne Brut zu tödten:
Wenn Scheiden vor der Zeit
Ein Übel ist, wie kannst du es erwählen

Den schuldlos jungen Seelen?
Und ist's ein Glück, warum
Muß als das schwerste Leid
Solch Scheiden Dem, der bleibt, Dem, der die Seinen
Verlassen soll, so trostlos herb erscheinen?

Elend, wohin sie blicken,
Elend, wohin sie streben oder flüchten,
Sind deine schwachen Kinder,
Und selbst der Jugend Träume,
Du lässest sie am Leben
Zu Schanden werden. Wachsend mit den Jahren
Bedrängen uns Gefahren. Nur der Tod
Schirmt uns vor Leid. Dies unentrinnbar feste
Gesetz, dies letzte Ziel
Gabst du dem Lauf des Lebens. Ach, warum
Ist nach der rauhen Bahn zum Mindsten nicht
Das Ziel uns freudenvoll? Warum das Ende,
Das als gewiß uns Allen,
So lang wir leben, stets vor Augen steht,
Den einz'gen Trost der Leiden,
Die uns hienieden trafen,
Mit schwarzem Flor umkleiden,
Mit Grau'n ihn so umgeben,
Daß uns mit Furcht und Beben
Mehr als die Brandung schreckt der sichre Hafen?

Zwar, wenn dies bittre Sterben
Ein Loos ist, das du Allen
Verhängt, die ohne Wissen du und Willen
Und ohne Schuld dem Leben preisgegeben,
So ist, wer stirbt, von Dem noch zu beneiden,
Der seiner Lieben Scheiden
Erleben muß. Denn wenn das Leben wirklich
Ein Unglück ist und sterben
Ein Glück, wer *könnte* drum und ach, wer *wollte*,
Wie doch im Grund er sollte,
Den letzten Tag ersehnen seiner Lieben,

Um dann, zurückgeblieben
Arm und beraubt, zu sehen,
Wie von der Schwelle das geliebte Wesen
Von hinnen wird getragen,
Mit dem vereint er lebte manches Jahr,
Ade ihm sagen, jeder Hoffnung baar,
Ihm wieder zu begegnen
In dieser ird'schen Welt;
Und dann, auf Erden einsam und verlassen
Umblickend, in gewohnter Stund' und Stätte
Zu denken Dessen, dem er einst gesellt?
Wie, o Natur, wie bringst du's übers Herz,
Grausam hinwegzureißen
Den Freund aus Freundesarmen,
Geschwister von Geschwistern,
Die Kinder von den Eltern,
Sein Lieb vom Liebenden, daß Eins erlischt
Und weiter lebt das Andre? Mußtest du
Zum Leiden und zum Lieben
Die Kraft uns leihn, daß, was wir heiß geliebt,
Wir überleben? Doch Natur von je
Gehorchte andern Trieben,
Und wenig gilt ihr unser Wohl und Weh.

124

XXXI. Auf das Marmorbild einer schönen Frau

an ihrem Grabmal

(1836)

So warst du. Jetzt hier unten
Bist du Geripp und Staub. Bewegungslos
Steht, über deinem modernden Gebein
Stumm blickend in der Zeiten Strom hinein,
Nur noch als Hüterin
Der Trauer und Erinnrung dieses Abbild
Verschwundner Schönheit. Jener süße Blick,

Der zittern machte, wenn er still, wie jetzt,
Auf einem Antlitz ruhte; jene Lippe,
Die wie ein voller Becher
Von Wonnen überträufte, jener Nacken,
Den Sehnsucht einst umarmte; jene weiche
Hand, die so oft gefühlt,
Wie kalt und feucht die Hand ward, die sie drückte;
Der Busen, dessen Wallen
Erblassen machte Den, der ihn erblickte,
Dies Alles *war;* jetzt bist du
Nur moderndes Gebein,
Deß Grauenbild der Marmor uns verbirgt.

   Also zerstört das Schicksal
Ein Antlitz auch, das uns das lebensvollste
Abbild des Himmels schien. O ew'ges Räthsel
Des Menschendaseins! Heut ein Quell erhabner
Gedanken, unaussprechlicher Gefühle,
Prahlt Schönheit und verspricht –
Ein Licht in Nachtgebieten
Uns von der göttlichen Natur gesandt, –
Von überird'schen Loosen,
Glücksel'gen Inselreichen, goldnen Welten
Ein sichres Unterpfand
Dem Sterblichen zu bieten:
Und morgen sehn wir schaudernd,
Durch einen leichten Anstoß hingerafft,
Entstellt, was uns noch eben
Hold schien und engelhaft,
Und auch die Wunderkraft,
Die Seelen zu entzünden,
Die hier gewaltet, fühlen wir entschwinden.

   Ein unermeßlich Sehnen
Und hehre Phantasieen
Läßt durch die Seele ziehen
In weisem Einklang holder Töne Macht,
Daß durch ein wonnig Meer wie traumverwirrt

125

Der Geist getrieben wird,
Wie durch den Ocean
Zu seiner Lust ein kühner Schwimmer irrt.
Doch wenn an unser Ohr
Ein Mißton schlägt, verschwindet
Das Paradies, das uns entzückt zuvor.

Wie kannst du, Mensch, wofern du
In Schwäche so versunken
Nur Staub und Schatten bist, so stolz empfinden?
Und wohnt ein Himmelsfunken
In dir, wie kann dein bestes innres Leben,
So knechtisch hingegeben
An niedre Macht, entstehen und verschwinden?

126

XXXII. Palinodie

An den Marchese Gino Capponi

(1836)

Es kann nicht frommen, immerdar zu seufzen.

Petrarca.

Ich irrte, edler Gino. Nur zu lang
Und schwer hab' ich geirrt. Das Leben, wähnt' ich,
Sei arm und nichtig, abgeschmackt vor allen
Die Zeit, die *jetzt* dahinrollt. Unerträglich
Erschien und *war* mein Reden dem beglückten
Geschlecht der Sterblichen, wenn man den Menschen
So nennen darf und kann. Halb staunend, halb
Erzürnt hervor aus ihrem duft'gen Eden
Lachten die Herrlichen: verwahrlos't oder
Vom Glück verlassen müss' ich sein. Der Freude
Unfähig, oder unerfahren, hielt' ich
Mein Loos für das gemeine und die Menschheit
Für meine Leidensschwester. Endlich jetzt

Durch der Cigarren Duftgewölk, beim Krachen
Der leckeren Pastetchen, bei der Krieger
Commandowort, Gefrornes und Getränke
Herbeizurufen, während Tassen klirrten
Und Löffel klapperten, erglänzte lebhaft
Ins Auge mir das täglich neue Licht
Der Tagesblätter. Da erkannt' und sah ich,
Wie froh die Welt ist und wie sanft das Schicksal
Der Sterblichen. Da sah ich den erhabnen
Zustand und Werth der Güter dieser Erde,
Den Pfad der Menschheit blumenüberstreut,
Und wie hier nichts von Dauer, was mißfällt.
So sah ich auch die staunenswerthen Werke,
Die Studien, den Verstand, die Tugenden,
Das tiefe Wissen meiner Zeit; und sah
Wie von Marocco bis Catai, vom Nordpol
Zum Nil, von Boston bis nach Goa keuchend
Die groß' und kleinen Reiche in die Wette
Der Spur Fortuna's folgen, schon sie haschen
Am flatternden Gelock und sicher doch
Am Zipfel ihrer Boa. Dies erkennend
Und tiefnachdenklich in die großen Blätter
Vergraben, hab' ich meines schweren, alten
Irrthums und meiner selbst mich schämen müssen.

Ein goldnes Alter, theurer Gino, spinnen
Die Parzen jetzt. Ein jedes Zeitungsblatt,
Wie auch an Sprachen und Format verschieden,
Verkündet es der Welt in schönem Einklang
Aus allen Landen. Allgemeine Liebe,
Des Handels Weltverbindung, Schienenwege,
Dampf, Presse, Cholera, die fernsten Völker
Und Himmelsstriche werden sie verschmelzen;
Und traun kein Wunder wär's, wenn Ficht' und Eiche
Von Milch und Honig träuften oder tanzten
Zu eines Walzers Klängen. So gewaltig
Wuchs schon der Kolben und Retorten Macht,
So in die Wette mit dem Himmel thun

Die Dampfmaschinen Wunder, und noch größre
Erlebt die Zukunft. Denn zum Bessern stets
Und immer Bessern unaufhaltsam stürmt
Dahin des Sem und Cham und Japhet Same.

Von Eicheln zwar wird sich die Welt nicht nähren,
Wenn Hunger nicht sie zwingt; das harte Eisen
Wird sie nicht von sich thun. Wohl wird sie Gold
Und Silber oft verachten und vorlieb
Mit Wechselbriefen nehmen. Auch vom Blut
Der theuren Ihren wird das edelmüth'ge
Geschlecht nicht lassen; ja von Leichen wird
Europa starren und das andre Ufer
Des weiten Oceans, das der Gesittung
Stets neue Nahrung giebt, so oft zum Kampf
Es Bruderschaaren sendet, handelt sich's
Um Pfeffer, Zimmet, Zuckerrohr und all
Die andern Würzen, oder was nur immer
Den Sinn der Menschen nach dem Golde lenkt.
Wahrhafter Werth und Tugend, Treu' und Demuth
Und Rechtsgefühl, sie werden stets in jedem
Gemeinen Wesen fremd und ferne bleiben
Den Weltgeschäften, oder ganz und gar
Darniederliegen, trauernd und besiegt.
Denn von Natur sind sie bestimmt, auf immer
Zurückstehn. Frechheit und Tücke werden
Stets herrschen nebst der Mittelmäßigkeit,
Und obenauf sein. Herrschaft und Gewalt,
Ob du sie Wen'gen wünschest oder Vielen,
Mißbrauchen wird sie stets, wer sie besitzt,
Wie er auch heiße. Diese Satzung gruben
Natur und Schicksal einst in Diamant,
Und nicht mit ihren Blitzen löschen sie
Volta und Davy aus, und nicht mit seinen
Maschinen England, nicht mit einem Ganges
Von Leitartikeln diese neue Zeit.
Stets wird der Gute trauern, stets der Wicht,
Der Schuft frohlocken. Erd' und Himmel werden

In Waffen immer gegen hohe Seelen
Verschworen sein. Der wahren Ehre folgt
Verleumdung, Haß und Neid. Der Starke zehrt
Den Schwachen auf, der Hungerleider frohnt
Und dient dem Reichen stets, in welcher Form auch
Der Staat regiert wird; nah und fern den Polen
Und der Ekliptik wird's unwandelbar
So sein, so lang der Mensch auf Erden wohnt
Und ihm des Tages Fackel nicht erlischt.

129

   Mit solch geringen Resten, solchen Spuren
Vergangner Zeiten muß die *goldne* Zeit,
Die jetzt heranbricht, noch behaftet bleiben.
Denn tausend Widersprüche, tausend feindlich
Entzweite Triebe birgt die menschliche
Gemeinde von Natur; die zu versöhnen,
Zu stillen ihren Haß vermochte nie
Die Macht des Geistes, seit dem Tage, da
Dies herrliche Geschlecht entstand, und kein
Vertrag, kein Zeitungsblatt, wie weis' und mächtig
Es sei, wird's je vermögen. Doch in Dingen,
Die wicht'ger sind, wird uns ein niegesehnes
Vollkommnes Glück erblühen. Weicher werden
Von Tag zu Tag, ob seiden oder wollen,
Die Kleider werden. Ihre groben Stoffe
Verschmähn der Bauer und der Handwerksmann;
Baumwolle muß die rauhe Haut umhüllen
Und Bieberfelle ihren Rücken wärmen.
Mehr zum Gebrauch geeignet oder sicher
Den Augen wohlgefälliger werden Polster,
Teppiche, Sessel, Tisch' und Schemel werden,
Betten und aller Hausrath, und den Zimmern
Zu flüchtig wandelbarem Schmucke dienen;
Kessel von neuer Form und neue Pfannen
Wird in der ruß'gen Küche man bewundern,
Und von Paris bis nach Calais, von dort
Bis London, Liverpool, so zauberschnell,
Wie man's zu denken kaum noch sich getraut,

Geht dann die Reise, nein, der Flug. Und unter
Dem tiefen Bett der Themse führt ein Durchgang,
130   Ein kühn unsterblich Werk, das schon vor Jahren
Vollbracht sein sollte. Besser auch beleuchtet,
Als heutzutage, wenn auch sichrer nicht
Zur Nachtzeit, werden selbst die Winkelgassen
Der großen Städte sein, auch hie und da
In kleinen Städten selbst die großen Straßen.
So Herrliches, ein so glückselig Loos
Beschert der Himmel unsern Nachgebornen.

   O glücklich Alle, die, da ich dies schreibe,
Wimmernd und nackt erst in die Arme nimmt
Die Wehemutter! Schauen soll'n sie diese
Ersehnten Tage, wo durch lange Forschung
Es nun bekannt ward und ein jedes Kind
Es mühlos einsaugt mit der Ammenmilch,
Wie viele Centner Salz und wie viel Fleisch,
Wie viele Malter Mehl das Vaterstädtchen
Verschlingt in jedem Mond, wie viel Geburten
Und wie viel Todesfälle jährlich bucht
Der alte Pfarrer; wo die Zeitungsblätter,
Mit Dampfeswunderkraft in der Secunde
Millionenmal gedruckt, Gebirg und Ebne,
Auch wohl des Meers unendliches Gebiet,
Gleich einem luft'gen Kranichschwarm, der plötzlich
Der weiten Niederung den Tag verdunkelt,
Erfüllen werden, Zeitungen, die Seele,
Der Lebenshauch des Alls und dieser Zeit
Und jeder künft'gen einz'ge Wissensquelle!

   Gleich einem Knaben, der sich eifrig müht,
Aus Blättchen oder Spänchen ein Gebäude,
Das einen Tempel, Thurm, Palast bedeutet,
Emporzuführen, und kaum ist's vollendet,
Schon daran denkt, es wieder einzureißen,
Weil er dieselben Blättlein oder Spänchen
131   Nun wieder braucht zu einem neuen Bau:

So sieht Natur auch ihrer Werke keines,
Wie kunstreich es auch prangen mag, vollendet,
Daß sie's sofort nicht zu zerstören streb',
Auf daß zu anderm Zweck die Theile dienten.
Und vor dem schnöden Spiel, deß Sinn ihm ewig
Verborgen bleibt, beeifert sich umsonst
Der Mensch sich selbst und Andre zu beschützen,
Viel tausend Mittel tausendfach verwendend
Mit kluger Hand. Doch aller Mühe spottend
Vollführt Natur, ein eigenwill'ger Knabe,
Ihr grausam launenhaftes Spiel, und rastlos
Ergötzt sie sich an Bilden und Zerstören.
Daher bedrängt ein bunt unzähl'ger Schwarm
Unheilbarer Gebrechen und Beschwerden
Den armen Sterblichen, der unabwendbar
Dem Untergang geweiht; von inn' und außen
Rings ihn umlagernd, eifrig unablässig
Bekämpft ihn eine feindlich dunkle Macht
Seit der Geburt, verfolgt, ermüdet ihn,
Selbst unermüdlich, bis er endlich da liegt,
Erdrückt, vernichtet von der grausen Mutter.
Dies höchste Elend alles Menschenlebens,
O edler Freund, das Alter und den Tod,
Die schon beginnen, wenn des Kindes Lippe
Aus zarten Brüsten Lebenssäfte saugt,
Kann, dünkt mich, auch dies muntre neunzehnte
Jahrhundert nicht, so wenig wie das neunt'
Und zehnte von uns nehmen, und nicht besser
Gelingt es auch in aller künft'gen Zeit.
Doch darf man wohl einmal beim rechten Namen
Die Wahrheit nennen: überhaupt nicht anders
Als elend wird der Erdgeborne sein
Zu keiner Zeit, nicht nur im Bann des Staates,
Nein, auch in jedem andern Lebenskreise,
Da von Natur schon er unheilbar ist
Kraft des Gesetzes, welchem Erd' und Himmel
Gleich unterthan. Doch eine neue Auskunft,
Fast götterwürdig, fanden die erhabnen

132

Geister der heut'gen Zeit: wohl können sie
Den Einzlen nicht auf Erden glücklich machen;
Drum gaben sie den Menschen auf und sannen
Auf allgemeines Menschheitsglück; und weil
Dies leicht gefunden war, so machten sie
Aus viel Unsel'gen und Betrübten ein
Glücksel'ges, heitres Volk. Und dieses Wunder,
Das keine Zeitung, Monatschrift, Pamphlet
Noch aufgeklärt, bestaunt die große Heerde.

O welch ein hoher Geist, welch übermenschlich
Genialer Scharfblick unsrer Zeit! Welch sichres
Philosophiren, welche Weisheit, Gino,
Wird in noch viel erhabnern, räthselvollern
Problemen mein und dein Jahrhundert all
Den künft'gen überliefern! Wie beharrlich
Verehrt's heut auf den Knieen, was es gestern
Verhöhnt hat, stürzt es morgen schon, und lies't dann
Die Trümmer wieder auf, um übermorgen
Neu aufgerichtet fromm sie zu beräuchern!
Wie werth der Achtung, des Vertrauens muß
Uns des Jahrhunderts, ja auch nur des *Jahrs*
Einträchtig Denken sein; wie ängstlich wir
Bedacht sein, unsre Meinung der des Jahres,
Wie sehr sie der des nächsten widerspreche,
So anzuschmiegen, daß in keinem Punkt
Wir von ihr weichen! O wie herrlich weit –
Vergleichen wir die neue Zeit der alten –
Hat's heut schon unsre Schulweisheit gebracht!

133   Einst von den Deinen Einer, wackrer Gino,
Ein rüst'ger Meistersinger, ja in allen
Künsten und Wissenschaften und Talenten
Für alle Einst'gen, Gegenwärt'gen, Künft'gen
Die kritische Leuchte, sprach zu mir: O schweige
Von deinem eignen Herzen! Darnach fragt
Dies männliche Geschlecht nicht mehr, das einzig
Noch Staatswirthschaft studirt und ernst gespannt

Die Politik verfolgt. Dein eignes Innre
Erforschen, wozu frommt's? Stoff zum Gedicht
Such nicht in dir. Besinge, was der Zeit
Vor allem Noth, und wie gereift die Hoffnung.

　　Denkwürd'ger Ausspruch! Ein gewaltiges
Gelächter schlug ich auf, als mir das Wort
Hoffnung vor dem profanen Ohr erklang,
Gleich einem Witz im Lustspiel, gleich dem Lallen
Aus eines kaum entwöhnten Säuglings Munde.
Doch nun bekehr' ich mich und wähle künftig
Den andern Weg, durch zweifellose Proben
Nun aufgeklärt, daß man der eignen Zeit
Nicht widersprechen darf, sie nicht bestreiten,
Wenn Lob und Ruhm sie spenden soll, vielmehr
Ihr unterwürfig schmeicheln; so auf kurzem
Und glattem Weg gelangt man zu den Sternen.
Ich drum, sehnsüchtig nach den Sternen, wähle
Nicht die »Bedürfnisse der Zeit« zum Stoff
Für mein Gedicht; für diese, stets sich mehrend,
Wird ja vollauf gesorgt schon durch Fabriken
Und Handel; doch die *Hoffnung* will ich feiern,
Für welche schon ein sichtbar Unterpfand
Die Götter uns bescherten: als Beginn
Des neuen Glücks zeigt ja schon Lipp' und Wange
Der Jünglinge den ungeheuren Haarwuchs.

　　Gruß dir, du Rettungszeichen, erster Lichtstrahl
Der wunderbaren Zeit, die nun heraufglänzt!
Sieh, wie vor dir sich Erd' und Himmel schon
Mit Helle schmücken, wie der Blick der Mädchen
Von Freude sprüht und in Gelag' und Festen
Der bartumlockten Helden Ruhm ertönt!
Wachse dem Vaterland heran, so männlich,
Moderne Jugend! Wachsen wird Italien
Im Schatten deiner Locken, wachsen ganz
Europa von des Tajo Mündung bis
Zum Hellespont, und ruhen kann die Welt.

134

Und du beginne früh die bärt'gen Eltern
Mit Lachen zu begrüßen, zartes Kind,
Dem goldne Tage winken; fürchte dich
Vorm harmlos schwarzen Vaterantlitz nicht.
Lache, du zartes Kind; für dich ja reift
Die Frucht so vielen Schwatzens einst heran;
Du sollst die Freude herrschen, Stadt und Land,
Das Alter und die Jugend gleich zufrieden
Und Bärte wallen sehn zwei Spannen lang.

XXXIII. Monduntergang

(Gedichtet zwischen 1834 und 37, zuerst veröffentlicht nach
des Dichters Tode in der Ranieri'schen Ausgabe, 1845)

So wie in öden Nächten
Auf Feld und Wellen, die von Silber glänzen,
Wo leichte Winde schweben
Und tausend Zauber walten,
Und rings mit Truggestalten
Die Schatten in der Ferne
Gebirg und Meer und Villen
Und jeden Zweig und jede Hecke füllen,
Nun dicht am Himmelssaume
Hinter Gebirgswand oder in den Schooß
Des Meeres still und groß
Der Mond versinkt und sich die Welt entfärbt
Die Schatten fliehn und nur
Ein dunkler Schleier deckt Gebirg und Flur –
Und dann im blinden Schweigen
Der Nacht mit einsam klagendem Gesang
Den Nachglanz des Gestirns, das seinem Wagen
Die Leuchte vorgetragen,
Der Kärrner grüßt den müden Pfad entlang: –
So schwinden, so entschweben
Sehn wir dem Erdenleben
Die Jugend. So von hinnen

Flieht aller Schein und Schatten
Holdsel'gen Wahns; die hoffenden Gedanken,
Die uns vertröstet hatten
Auf eine Zukunft, sinken und verblassen.
Umnachtet und verlassen
Ist nun das Leben. Mit verwirrten Sinnen
Umblickend, sucht der Wandrer ach, vergebens
Des langen Wegs, den er noch vor sich ahnt,
Ziel oder Zweck und sieht,
Wie fremd ihm das Gebiet,
Und er – wie fremd er ward im Reich des Lebens.

Zu froh und glücklich noch
Würd' unsre Erdennoth
Dort oben scheinen, wenn die Jugendzeit,
Wo jedes Gut die Frucht von tausend Leiden,
Fortwährte durch den ganzen Lebenslauf;
Zu gnädig das Gesetz,
Das jeder Creatur verhängt den Tod,
Wär' nicht ein halbes Leben
Uns noch zuvor gegeben,
Das härter ist als alle Todesschrecken.
O göttlicher Erfindung
Höchst würdig, aller Übel
Unseligstes, verliehen uns die Ew'gen
Das Alter, wo die Wünsche
Noch glühend sind, die Hoffnung längst erloschen,
Versiegt der Freuden Quell und stets sich häuft
Das Weh, in das kein Tropfen Wonne träuft.

Ihr Hügel und Gefilde,
Nicht lang nachdem der Glanz hinabgesunken,
Der das Gewand der Nacht in Silber taucht,
Nicht lange sollt ihr harren,
Verwais't und bang; bald naht die Morgenfrühe,
Die dämmernd überhaucht
Euch und den Himmel und das Meer von Neuem.
Und auf dem Fuß ihr folgt die hehre Sonne,

Die, in die Runde sendend
Die allgewalt'gen Gluten,
Mit ihren Strahlenfluten
Euch überströmt zusammt den Ätherfluren.
Doch unser Menschenleben, wenn die schöne
Jugend entschwand, erhellt sich fürder nicht
Von anderm Strahl, von anderm Morgenlicht.
Hinfort bleibt es verwittwet, und am Ende
Der Nacht, die düster sinkt auf uns herab,
Harrt unser nach der Götter Schluß – das Grab.

XXXIV. Der Ginster oder Die Blume der Wüste

(Gedichtet 1834 bis 37, zuerst gedruckt 1845).

Καὶ ἠγάπησαν οἱ ἄνθρωποι μᾶλλον τὸ σκότος ἢ τὸ φῶς.
Und die Menschen liebten die Finsterniß mehr als das Licht.
Ev. Joh. III. 19.

Hier auf dem dürren Grat
Des schreckenvollen Berges
Vesuvio, des Verwüsters,
Wo sonst nicht Baum noch Blume fröhlich grünt,
Verbreitest du dein einsam wuchernd Laub,
Duftvolle Ginsterblume,
Genügsam in der Öde. So auch sah ich
Die klaren Fluren blühend dich beleben,
Die jene Stadt umgeben,
Wo einst der Herrscherthron der Erde stand,
Die von gestürzter Größe
Schweigsam dem Wandelnden zu reden scheinen,
Ernst und erinnrungsschwer in ihrer Blöße.
Nun seh' ich hier dich wieder, die du stets
Schwermüth'ge, weltverlassne Stätten liebst
Und dich gesellst leidvollen Schicksalsloosen.
Die Fluren hier, verschüttet
Von unfruchtbarer Asche und bedeckt

Mit der versteinten Lava,
Die unterm Fuß des Wandrers wiederhallt,
Wo aus dem Neste sich die Schlange ringelt
Und sonnt und das Kaninchen
Sein Lager aufsucht im gehöhlten Bau –
Einst waren's heitre Dörfer,
Von Ährengold umwogt und wiederhallend 138
Von ihrer Rinder Brüllen;
Einst fanden müß'ge Reiche
In Gärten hier und Villen
Erwünschte Rast, und prächt'ge Städte waren's,
Die blitzesprühend aus dem Feuerschlund
Der hehre Berg zugleich mit den Bewohnern
Im Glutenstrom verschlang. Nun ward dies Alles
Rings Eine Wüstenei,
Wo du, o holde Blume, blühst und, gleichsam
Mitfühlend mit so großem Weh, zum Himmel
Den Hauch entsendest süßesten Gedüfts,
Der Wüste Trost und Labsal. Hieher komme,
Wer unser Menschenloos als hochbeglückt
Zu preisen pflegt; hier mag er lernen, wie
Natur um uns sich mühte
In ihrer Huld und Güte, kann gerecht
Ermessen im Gemüthe,
Wie große Macht dem Menschen sie verliehn.
Denn plötzlich, wo Gefahr am fernsten schien,
Vermag mit leichtem Ruck die harte Amme
Uns theilweis zu verderben,
Dann, wenig heft'ger rüttelnd, ganz und gar
Uns in das Nichts zu stürzen.
In diesen Trümmerweiten
Lehrt jeder Stein fürwahr,
»Wie herrlich doch die Menschen vorwärts schreiten.«

　　Hier spiegle dich, hoffärtig
Verblendetes Jahrhundert,
Das du von jenem Pfade,
Den dir gezeigt der auferstandne Geist,

Gewichen bist und wähnst, daß rückwärts schreitend
Du fortgeschritten sei'st,
Der Umkehr dich berühmend.
Ob deines kindischen Lallens schmeicheln dir
Die Geister, denen dich ihr herbes Schicksal
Zum Vater gab, obwohl sie
Auch manchmal hinterm Rücken
Dein spotten. Aber ich
Will nicht mit solcher Schmach zur Grube fahren.
Leicht zwar geläng' es wohl,
Den Andern gleich ruhmredig in die Wette
Zu singen, was bei dir in Gunst mich brächte.
Doch lieber will ich dreist sie offenbaren,
Statt sie zurückzupressen,
Die trotzige Verachtung dieser Zeit,
Weiß ich auch wohl, vergessen
Wird, wer zu sehr der Mitwelt mißbehagt.
Doch dieses Unglücks, das
Ich mit dir theile, lach' ich noch von Herzen.
Du träumst von Freiheit, und in Fesseln schlägst du
Von Neuem den Gedanken,
Der uns allein emporhob
Aus tiefster Barbarei, und der allein
Die Sitten adelt, daß der Völker Loos
Sich wandeln mag zum Bessern.
So sträubst du dich, die Wahrheit
Zu hören, welch ein niedrig hartes Schicksal
Uns die Natur verhängte. Darum wandtest
So jämmerlich dem Lichte du den Rücken,
Und vor der Wahrheit fliehend, schiltst du feige
Den, der sie sucht, und rühmest
Als edel Den allein,
Der thöricht oder schlau, betrogen oder
Betrüger, selig preis't der Menschen Loos.

Wer dürft'gen Standes ist und krank an Gliedern,
Doch von Gemüthe stolz und hochgesinnt,
Der wähnt und rühmt sich nicht

An Golde reich und Kräften
Und fordert nicht heraus den Spott der Menge
Durch kindisches Gepränge
Mit Glücks- und Leibesgaben.
Er schämt sich nicht, als Bettler sich zu zeigen
An Gut und Blut, und kommt die Rede drauf,
Schätzt er das Seine, nicht die Wahrheit hehlend,
Nach seinem wahren Werth.
Der schien mir stets verkehrt,
Nicht edel, wer geboren
Zum Sterben und in Leiden aufgesprossen
Sagt: »Ich bin hier zum Glück!« –
Und füllt mit stinkendem
Selbstruhm die Blätter, hohe Freudenloose
Und Wonnen, selbst im Himmel unbekannt,
Geschweig' hienieden, diesen Erdgeschlechtern
Verheißend, die ein Stoß
Empörter Flut, ein Hauch
Von Fieberluft, ein unterirdisch Beben
Vernichtet und begräbt,
Daß kaum Erinnrung noch sie überlebt.
Von edler Art ist Der,
Der seine Menschenaugen
Auf unser Aller Schicksal
Zu heften wagt, der von der Wahrheit nichts
Abdingend, frei und offen
Das Leiden eingesteht, das uns beschieden,
Und unser schwankes Dasein;
Der seinen sichren Frieden
Bewährt im Dulden, nicht mit Bruderhaß
Und Hader, herber noch
Als jeglich andres Unheil,
Sein Elend schärft; der nicht den Menschen zeiht
Der Schuld an seinen Qualen, sondern einzig
Die wahrhaft Schuldige, der Menschheit Mutter
Durch die Geburt, Stiefmutter durch den Willen.
Sie nennt er unsre Feindin; gegen *sie*
Zu Schutz und Trutz verbündet,

141

Gegründet nur zur Abwehr ihrer Feindschaft
Sei menschliche Gemeinschaft
Und aller Menschen Bruderbund gestiftet.
Und allesammt umarmt er
Mit wahrer Liebe, Hülfe
Kraftvoll und rasch so bringend wie erwartend
In wechselnden Gefahren und den Nöthen
Des allgemeinen Kriegs. Und mit den Waffen
Unbilden ahnden oder Fallen legen,
Drin sich der Nächste fängt,
Däucht ihn so thöricht, wie im Feld, umdrängt
Von Feindesschaaren, wenn am hitzigsten
Der Sturm des Kampfes tobt,
Den Gegner schonend, mit den eignen Freunden
Erbos'ten Zwist beginnen,
Zur Flucht sie drängen und zu Boden schmettern
Des eignen Heeres Glieder.
Wenn *die* Erkenntniß wieder
Aufginge, wie vordem, der großen Menge,
Und jenes Grauen wieder
Vor der Natur, der argen,
Das zu geselligem Bund die Menschen trieb,
Uns warnend übermannte,
Nun klar bewußt: wie anders würden dann
Zucht, biedre Bürgersitte,
Gerechtigkeit und Ehrfurcht Wurzeln schlagen,
Als jetzt in jenen thöricht stolzen Possen,
Darin des Volkes Treu' und Redlichkeit
Nicht fester steht gegründet,
Als Alles was im Wahn die Wurzeln findet.

142

  Gar oft auf diesen Halden,
Die trostlos ganz in Trauer
Einhüllt der starre Fluß, der noch bewegt scheint,
Sitz' ich bei Nacht. Und auf die Öde nieder
Seh' ich aus reinster Bläue
Des Firmaments die Sterne Flammen sprühn,
Die fern sich wiederspiegeln

Im Meer, und ringsum in der stillen Leere
Von Funken blitzen weit und breit die Welt.
Und heft' ich dann die Augen auf die reinen
Lichter, die Pünktchen scheinen
Und sind so unermeßlich,
Daß gegen sie in Wahrheit Erd' und Himmel
Nur Pünktchen sind; und denke,
Daß nicht der Mensch allein,
Auch diese Kugel, drauf der Mensch ein Stäubchen,
Ganz ihnen unbekannt; und sehe dann
Die noch entlegnern, grenzenlos entfernten –
Sternknäuel nenn' ich sie –
Uns nur wie Nebel sichtbar, denen nicht
Der Mensch nur und die Erde, nein zumal
All unsre Sterne, grenzenlos an Zahl
Und Masse, sammt dem Goldgestirn der Sonne
Theils unbekannt sind, oder sichtbar doch
Nur so, wie sie der Erde,
Ein nebelhafter Lichtpunkt: wie erscheinst du
Mir dann, du arm Geschlecht
Des Menschen? Und erwäg' ich
Dein Loos hienieden, wie der Boden mir's
Bekundet, den ich trete, und hinwieder,
Daß du den Herrn und Endzweck
Des Weltenalls dich dünkst und, wenn es dir
Beliebt zu fabeln, sagst, auf dieses dunkle
Sandkörnchen, das den Namen Erde trägt,
Sei'n deinethalb des ew'gen Welltalls Schöpfer
Ehmals herabgestiegen, um vertraulich
Zu plaudern mit den Deinen; und wie nun,
Den Kindertraum erneuernd, diese Zeit
Der Weisen spottet, sie, die doch an Wissen
Und jeder Kunst so weit
Voran zu sein schien allen andern: welch
Gefühl, armsel'ge Menschheit, welches Urtheil
Regt sich zuletzt in meines Busens Raum?
Ob Lachen oder Mitleid, weiß ich kaum.

Wie wenn vom Baum ein kleiner Apfel fällt,
Den von dem Zweig im Spätherbst
Kein andrer Zwang als seine Reife lös't,
Und eines Ameisvolkes traute Wohnung,
Mühsam in weicher Scholle
Gehöhlt, und ihre Werke
Und reichen Vorrath, den geduldiglich
Das fleiß'ge Volk wetteifernd angehäuft,
Zur Sommerszeit vorsorgend für den Winter,
Zerstört, zerstreut, verschüttet
In einem Nu: so war's, als niederstürzend,
Aus donnernd grauser Tiefe
Zum Himmel aufgeschleudert,
Mit Asche, Bimsstein, lockrer Felsensaat
Nacht und Verderben strömend
In heißen Flammenbächen
Und aus den Bergesspalten
Vorbrechend durch den Graswuchs
Ein ungeheurer Schwall
Geschmolzner Erze, glutgetränkten Sandes
Und flüss'ger Lavamassen
Die Städte dort tief an dem Ufersaum

Des Meeres überfiel,
Zertrümmert' und begrub
In kurzer Stunde, daß nur Ziegen jetzt
Hier weiden, neue Städte
Erstehn dort drüben, denen die begrabnen
Zum Schemel dienen, und der steile Berg
Die Mauerntrümmer schier mit Füßen tritt. –
Es hütet oder hegt
Natur nicht *mehr* den Menschen,
Als jenen Ameishaufen; und vernichtet
Sie seltner ihn, als diese,
Ist's darum nur allein,
Weil minder fruchtbar ist die Menschenbrut.

Wohl achtzehnhundert Jahre
Sind hingegangen, seit die blüh'nden Städte,

Von Feuersmacht erstickt, hinweggeschwunden,
Und wenn der fleiß'ge Landmann
Die Reben pflegt, die kümmerlich gedeih'n
Hier auf der todten, aschendürren Scholle,
Hebt er den Blick noch immer
Besorgt zum unheilvollen
Berggipfel, der mit ungezähmter Wildheit
Noch immer Schrecken birgt, noch immer ihm
Und seinen Kindern, seiner armen Habe
Verderben droht. Und oft,
Wenn auf dem flachen Dache
Des Hüttleins unterm leichten Hauch der Lüfte
Der Ärmste schlaflos liegt die Nacht hindurch,
Springt er empor und späht dem Laufe nach
Des Feuerstrudels, der sich niederwälzt
Aus unerschöpftem Abgrund
Hinab den sand'gen Hang, daß wiederglänzt
Von Capri die Marina,
Der Hafen Napoli's und Mergellina.
Und sieht er ihn herannahn, oder hört
Im tiefen Brunnen hinterm Haus das Wasser
Aufkochend gurgeln, weckt er seine Kinder,
Erweckt in Hast sein Weib, und fort mit Allem,
Was sich erraffen lässt an Hausrath, flüchtend,
Sieht er von fern sein Nest
Und seinen kleinen Acker,
Der vor dem Hunger ihn allein geschützt,
Zum Raub dem Glutenbache,
Der brausend niederschwillt und dicht und fest
Die Stätten alle unerbittlich zudeckt. –
Es kehrt' ans Licht zurück
Aus der Vergessenheit uraltem Grabe
Pompeji, dem verscharrten
Gerippe gleich, das Habgier
Von Neuem bloßlegt oder frommer Sinn,
Und von dem leeren Forum
Durch schnurgerade Reihen
Von Säulenstümpfen schaut der fremde Wandrer

Dort oben fern das zwiegetheilte Joch
Und den umwölkten Gipfel,
Der jetzt noch diese Trümmerwelt bedroht.
Und in der stillen Nacht mit ihren Schauern
Entlang den Tempelresten,
Öden Theatern, umgestürzten Mauern,
Drin ihre Jungen birgt die Fledermaus,
Gleich einer düstren Fackel,
Die qualmend schwankt durch menschenleere Hallen,
Läuft dann der Schein der todesschwangern Lava,
Die fernher durch die Schatten
Aufleuchtet und ringsum die Gegend röthet.
So, nichts vom Menschen wissend und den Zeiten,
Die er die alten nennt, und daß den Ahnen
Die Enkelkinder folgen,
Ruht ewig jung Natur, vielmehr durchmessen
Muß sie so weite Bahnen,
Daß sie zu ruhen scheint. Zu Grunde gehen
Geschlechter, Sprachen, Reiche: sie ist blind,
Und nur der Mensch glaubt ewig zu bestehen.

Und du, schmiegsamer Ginster,
Der du mit duft'gen Wäldern
Rings diese schmuckentblößten Fluren zierst,
Auch du wirst bald der schonungslosen Macht
Der unterird'schen Glut zum Opfer fallen,
Wenn sie wird niederwallen
Zum wohlbekannten Grund, dein weich Gezweige
Mit hämischem Bahrtuch deckend. Und du beugst
Unter dem Todesdruck dein schuldlos Leben
Ohn' alles Widerstreben.
Doch früher neigst du nicht mit feigem Flehen
Und unfruchtbarem Jammer je dein Haupt
Dem künftigen Verderber, noch erhebst du's
In aberwitz'ger Hoffahrt zu den Sternen,
Verachtend diese Wüste,
Drin du erblühst, nicht eben
Durch freie Wahl, vielmehr durch Schicksalswillen;

Du, weiser als der Mensch
Und nicht am Wahne krank, als sei gegeben,
Durch Schicksal oder eigne
Kraft, deinem schwachen Stamm ein ewig Leben.

XXXV. Scherz

Als Knabe zu den Musen
Kam ich und wollt' in ihre Lehre gehen.
Und ihrer Eine nahm mich bei der Hand
Und blieb mir zum Geleite
Den ganzen Tag zur Seite,
Die Werkstatt zu besehen
Sammt allen Kunstgeräthen,
Die nöthig den Poeten.
Sie zeigte mir von allen
Den Nutzen und Gebrauch,
Zu Vers und Prosa auch
Zu dienen nach Gefallen.
Ich aber schaut' und fragte:
Muse, wo ist die Feile? – und sie sagte:
Die ist verbraucht; man thut's nun ohne sie.
Und ich: Doch sorgt ihr nicht,
Daß, wenn sie stumpf ward, ihr sie rasch erneut?
Und sie: Wir sollten wohl; doch fehlt die Zeit.

147

148

Biographie

1798   *29. Juni:* Giacomo Leopardi wird in Recanati bei Macerata (Italien) als Sohn von Monaldo Leopardi und Adelaide Antici in einer aristokratischen, streng katholischen Familie geboren. Er wird privat unterrichtet.

1809   Giacomo genießt eine intensive humanistische Ausbildung, die ihn bereits mit elf Jahren zu Übersetzungen aus dem Lateinischen befähigt.

1813   Mit vierzehn Jahren schreibt er zwei Tragödien. Es folgen rasch zahlreiche weitere Schriften. Neben Latein, Französisch und Spanisch erlernt er auch Griechisch und Hebräisch und verfaßt die »Storia dell'astronomia«.

Um der provinziellen Umwelt Recanatis und der strengen katholischen Atmosphäre seines Elternhauses zu entfliehen, vertieft sich Leopardi mehr und mehr in philologische, zunehmend aber auch literarische Studien. Bald wendet er sich seiner eigenen Berufung, der Dichtkunst, zu.

1816   Drei Jahre später erscheint seine Übersetzung der »Odyssee« von Homer.

»Appressamento della morte« entsteht, veröffentlicht 1835.

Die enttäuschte und einseitige Liebe zu seiner Cousine Cassi Lazzari regt Leopardi zu »A. Silvia«, einem seiner bedeutendsten frühen Gedichte, an.

1817–1832   Seine »Pensieri di varia filosofia e di bella letteratura«, auch bekannt als »Zibaldone di pensieri«, erscheinen erst 1898–1907.

1818   Er publiziert mit der Ode »All'Italia« und »Sopra il monumento di Dante« seine erste patriotische Lyrik.

1819   Leopardis berühmtes Gedicht »L'infinito«, das in diesem Jahr geschrieben wird, wird unter anderen auch von Rainer Maria Rilke übersetzt.

1820   Die berühmten Verse »Angelo Mai« folgen.

1822–1823   Mehrmonatiger Aufenthalt in Rom.

1824–1832	Vor allem die zwischen diesen Jahren entstandene philosophisch-literarische Schriftensammlung der »Operette morali« erlangt Berühmtheit.
1825	Leopardi lässt sich in Mailand nieder, wo er für den Verleger Antonio Fortunato Stella (1757–1833) lateinische und griechische Klassik übersetzt und die Herausgabe von Francesco Petrarcas (1304–1374) Werk betreut.
1826	Er kehrt über Bologna zunächst nach Recanati zurück. Nach 1826 beginnt eine zweite Schaffensperiode, in der der Dichter sich von klassizistischen Vorgaben entfernt.
1827–1828	Die in Dialogform verfaßten Schriften »Operette morali« erscheinen. Er hält sich in Pisa und Florenz auf. Reisen nach Mailand (hier ist er als Übersetzer für den Verleger Antonio Fortunato Stella und Herausgeber der Werke Petrarcas tätig), Bologna, Florenz und Pisa. Leopardi lernt Alessandro Manzoni kennen, mit dem ihn eine intensive Freundschaft verbindet.
1828	Der Dichter wird auf den Dante-Lehrstuhl der Universität Bonn berufen, bleibt aber in Rescati – für ihn eine Art Exil »aus Wut, Langeweile und Melancholie«.
1830–1833	Leopardi nimmt am literarischen Leben der toskanischen Hauptstadt teil.
1830	Die Pension von Freunden ermöglicht ihm den Umzug nach Florenz. Hier faßt er neuen Lebensmut.
1831	Als zusammenfassende Ausgabe von Leopardis Gedichten werden die »Canti« (»Gesänge«) veröffentlicht.
1833	Der befreundete Antonio Ranieri holt ihn nach Neapel.
1835	Die Sammlung »Canti« enthält patriotische Texte, Hymnen, Elegien und Idyllen und wird in diesem Jahr und später 1845 noch um weitere Stücke erweitert. Sein bereits frühzeitig auftretendes körperliches Leiden veranlaßt ihn zu permanenter Meditation über den Welt- und Lebenssinn. Seine letzten Lebensjahre verbringt Giacomo Leopardi in Neapel, hin- und hergerissen zwischen tiefen De-

pressionen und intensiven Schaffensperioden, denen sich die Überlegungen und Aufzeichnungen »Zibaldone di pensieri« verdanken.

1836   Seine Schriften, unter anderem »Canti«, werden von der Zensur beschlagnahmt.

1837   *14. Juni:* Giacomo Leopardi stirbt in Neapel.

Erzählungen der Frühromantik

1799 schreibt Novalis seinen Heinrich von Ofterdingen und schafft mit der blauen Blume, nach der der Jüngling sich sehnt, das Symbol einer der wirkungsmächtigsten Epochen unseres Kulturkreises. Ricarda Huch wird dazu viel später bemerken: »Die blaue Blume ist aber das, was jeder sucht, ohne es selbst zu wissen, nenne man es nun Gott, Ewigkeit oder Liebe.«

Tieck Peter Lebrecht **Günderrode** Geschichte eines Braminen **Novalis** Heinrich von Ofterdingen **Schlegel** Lucinde **Jean Paul** Des Luftschiffers Giannozzo Seebuch **Novalis** Die Lehrlinge zu Sais
ISBN 978-3-8430-1878-4, 416 Seiten, 29,80 €

Erzählungen der Hochromantik

Zwischen 1804 und 1815 ist Heidelberg das intellektuelle Zentrum einer Bewegung, die sich von dort aus in der Welt verbreitet. Individuelles Erleben von Idylle und Harmonie, die Innerlichkeit der Seele sind die zentralen Themen der Hochromantik als Gegenbewegung zur von der Antike inspirierten Klassik und der vernunftgetriebenen Aufklärung.

Chamisso Adelberts Fabel **Jean Paul** Des Feldpredigers Schmelzle Reise nach Flätz **Brentano** Aus der Chronika eines fahrenden Schülers **Motte Fouqué** Undine **Arnim** Isabella von Ägypten **Chamisso** Peter Schlemihls wundersame Geschichte **Hoffmann** Der Sandmann **Hoffmann** Der goldne Topf
ISBN 978-3-8430-1879-1, 408 Seiten, 29,80 €

Erzählungen der Spätromantik

Im nach dem Wiener Kongress neugeordneten Europa entsteht seit 1815 große Literatur der Sehnsucht und der Melancholie. Die Schattenseiten der menschlichen Seele, Leidenschaft und die Hinwendung zum Religiösen sind die Themen der Spätromantik.

Brentano Die drei Nüsse **Brentano** Geschichte vom braven Kasperl und dem schönen Annerl **Hoffmann** Das steinerne Herz **Eichendorff** Das Marmorbild **Arnim** Die Majoratsherren **Hoffmann** Das Fräulein von Scuderi **Tieck** Die Gemälde **Hauff** Phantasien im Bremer Ratskeller **Hauff** Jud Süss **Eichendorff** Viel Lärmen um Nichts **Eichendorff** Die Glücksritter
ISBN 978-3-8430-1880-7, 440 Seiten, 29,80 €